Wolf Schneider

Zauberkraft der Sprache

Wolf Schneider

Zauberkraft der Sprache

Wie Sprache wirkt und Kommunikation gelingen kann

Illustrationen: Stefan Stutz

KOHA

2. Auflage: 2008
Lektorat: Nayoma de Haën
Illustrationen: Stefan Stutz
Gesamtherstellung: Karin Schnellbach
Druck: CPI – Moravia Books
ISBN 978-3-936862-92-8

Inhalt

Einleitung

Zauberei, Magie, das gibt's doch nur im Märchen, könnte man meinen. Dabei sprechen wir von einem zauberhaften oder charmanten Lächeln, einer faszinierenden Persönlichkeit, einem Buch oder einem Film, einem Kunstwerk, einer Landschaft, einer Idee, die uns in ihren Bann schlägt, so dass wir uns ihr kaum mehr entziehen können. Unsere Sprache verrät, dass wir uns verzaubern lassen, nicht nur als Kinder, sondern auch als nüchterne Erwachsene. Das gilt im Beruf, im Alltag, in der Wissenschaft und Politik, im Kulturbetrieb sowieso und in unseren Liebesbeziehungen erst recht. Und es geschieht meist nicht mit einem Zaubertrank, Zauberstab oder Hexenkraut, sondern durch den Gebrauch der Sprache.

Sprache wirkt zauberhaft, das ist die These dieses Buchs. Sie wirkt, indem sie fasziniert oder verzaubert, wobei ich im Folgenden mit den Worten Zauber, Magie, Faszination, Charme, Charisma, Suggestion, Hypnose oder Trance-Induktion jeweils sehr ähnliche Phänomene meine, die sich nur wenig unterscheiden.

»Im Grunde« wirken alle diese Vorgänge auf dieselbe Art: Sie wirken, weil bedeutungsvolle Zeichen (also: Sprache) uns verzaubern.

Ein Grundproblem dieses Buchs möchte ich gleich zu Anfang nennen: Ich spreche hier vom Zauber der (mündlichen, schriftlichen oder nonverbalen) Sprache, indem ich – spreche beziehungsweise schreibe. Ich schreibe über diesen Zauber, indem ich ihn anwende. Diese Zeilen hier zu lesen bedeutet, sich von Buchstaben verzaubern zu lassen, sich hypnotisieren zu lassen von diesen kleinen schwarzen Zeichen auf dem weißen Papier. Die Magie der Sprache besteht darin, dass wir *nicht anders können* als dabei das zu assoziieren, was diese Zeichen als Worte der deutschen Sprache bedeuten. Es gibt natürlich einen gewissen individuellen Spielraum des Verständnisses, denn unsere Sprachbiografien sind so verschieden wie unsere Biografien. Sie sind aber ähnlich genug, um zum Beispiel unter »Biografie« etwas Ähnliches zu verstehen, sonst würde die Kommunikation nicht funktionieren. Sie beruht auf der Ähnlichkeit des Assoziationsfeldes, das von einem Wort (oder sonst einem sprachlichen Zeichen) im Empfänger ausgelöst wird. Dieser Vorgang ist nur sehr wenig willkürlich steuerbar, er funktioniert quasi hypnotisch, man könnte auch sagen: magisch.

Was diese simple Tatsache für Folgen hat für unser gesamtes individuelles wie soziales und politisches Leben, werde ich in diesem Buch darlegen. Und auch: Welche Chancen in diesem Zauber liegen! Wer den Charakter dieser Magie einmal verstanden hat, für den erhellt sich sehr viel. Das »Du verstehst mich nicht!« aus Beziehungskonflikten wird plötzlich verständlich, ebenso soziale Dramen, Kriege, Wahlkämpfe, Fußballspiele, Inszenierungen in Kunst, Religion und Politik, bis hin zu dem Geheimnis der Meditation, der Gelassenheit, Unbestechlichkeit und Freiheit von unwillkommener Beeinflussung.

Was meinen wir mit »Sprache« überhaupt? Zunächst einmal ist damit so etwas wie die deutsche oder englische Sprache gemeint, oder auch Baskisch, Indonesisch oder Kisuaheli. Es gibt davon Hunderte auf der Welt, wenn man auch die Kleinen mitzählt sind es Tausende. Diesen Typ von Sprachen nennt man »Verbalsprachen« (vom Lateinischen verbum = Wort), im Gegensatz etwa zum Morsealphabet oder der Sprache der Gesten.

Aber auch bei Bildern oder Kunstwerken spricht man von einer Sprache. »Ein Bild sagt mehr als tausend Worte«, weiß der Volksmund. Und wenn man den ganzen Körper als Mittel der Kommunikation einbezieht, ist von »Körpersprache« die Rede. Im weitesten Sinne meine ich in diesem Buch mit Sprache alles, was Bedeutung trägt: Sprachliche Zeichen sind demnach Gegenstände oder Ereignisse (z.B. Laute), die eine Bedeutung tragen. Dazu gehören sicherlich alle Kunstgegenstände, aber auch künstliche oder natürliche Umgebungen (oder Teile daraus), insoweit sie für einen Menschen oder ein miteinander kommunizierendes Kollektiv Bedeutung tragen.

Und was heißt hier »Bedeutung«? Nun wird es noch philosophischer: Bedeutung hat ein Gegenstand (oder Ereignis) genau dann, wenn er etwas anderes darstellt, als er ist. Noch anders gesagt: Bedeutung hat ein Gegenstand oder Ereignis dann, wenn es im Betrachter eine Vorstellung von etwas erweckt, das es nicht ist. Ein Baum ist ohne Bedeutung, solange ihn niemand wahrnimmt. Wenn aber irgendjemand ihn sieht oder hört und eine Erinnerung oder sonst eine Vorstellung damit verbindet, dann ist er damit zum Zeichen geworden und hat »Bedeutung«: Der Baum, auf den ich als Kind immer geklettert bin, hat für mich Bedeutung.

In diesem erweiterten Sinne hat dann alles Bedeutung, nicht nur Sprachelemente. Auch wir selbst sind in diesem Sinne immer Bedeutungsträger und können deshalb nicht »nicht kommunizieren«: Auch wenn wir schweigen oder glauben, nichts zu verstehen von dem, was um uns herum vorgeht, sind wir doch Sender und Empfänger von Information.

Wie funktioniert Sprache und warum funktioniert sie manchmal nicht? Was kann Sprache überhaupt leisten? Wie können wir mit ihr umgehen, um uns damit auf friedliche, sinnvolle und zielführende Art zu verständigen? Wie können wir mit Hilfe von Sprache die Welt und uns selbst verstehen? Die Beantwortung dieser Fragen führt uns in Bereiche, die zunächst gar nichts mit Sprache zu tun zu haben scheinen, nämlich in Grundfragen der Wissenschaft, der Philosophie und der Religion, wie etwa die nach dem Ich, der Vergänglichkeit und der Liebe.

Wolf Schneider

Niedertaufkirchen, im August 2006

Auch Bilder können zaubern, nicht nur Worte

1

Vom Urknall bis heute

Die Entwicklung der menschlichen Kommunikationsformen

Am Anfang war das Wort? Keineswegs. Am Anfang war das Grunzen. Dann kam die mündliche Sprache, dann die schriftliche, dann der Buchdruck und schließlich Radio, Fernsehen und das Internet. Sprache und Schrift sind Menschenwerk, auch wenn ihnen manche Schöpfungsmythen göttlichen Ursprung zuschreiben. Wissenschaftlich erhärten lässt sich nur die Evolution des Lebens der Erde, wie die Geologie und Evolutionsbiologie sie beschreiben, bis hin zur Vielfalt der heutigen gesprochenen Sprachen.

Die heutige Wissenschaft sagt, das Universum sei 13.7 Milliarden Jahre alt. Vor dieser Zeit war nichts – nicht einmal Zeit und Raum gab es vor diesem Beginn. Neuerdings gibt es von Radioteleskopen aufgenommene Fotos, von denen Astronomen sagen, dies seien Aufnahmen von der ersten billionstel Sekunde nach dem Urknall, und wir könnten damit den Moment sehen, in dem nicht nur die Welt, sondern auch Zeit und Raum entstanden sind.

Der Planet Erde, den wir bewohnen, ist erst vier oder fünf Milliarden Jahre alt. Dort begannen vor ungefähr zwei Milliarden Jahren im damaligen Urozean die ersten Formen des Lebens. Sprache, Worte? Nichts dergleichen. Das Leben bestand während der ersten anderthalb Milliarden Jahre aus Einzellern, und die konnten weder sprechen noch zuhören, denn sie hatten weder Mund noch Ohren.

Stärker differenzierte Formen des Lebens gab es erst seit dem Kambrium (vor etwa 540 Millionen Jahren – alles noch im Urozean). Die damals entstehenden Tiere hatten bald danach Sinnesorgane, mit denen sie sehen, hören und riechen konnten. Damit waren die Grundlagen einer feiner unterscheidenden Kommunikation gegeben. Aber Sprache? Ab wann kann man Kommunikation Sprache nennen? Wenn Wale »singen«, Vögel zwitschern oder Stichlinge balzen, ist das wohl schon eine Art Sprache. Verglichen mit dem Ausdrucksreichtum unserer heutigen menschlichen Sprachen aber ist der Ausdrucksreichtum dieser Tiere gering.

Vom Kreischen zum Sprechen

Menschen gibt es seit etwa drei Millionen Jahren. Haben sie damals miteinander gesprochen? Vermutlich haben sie gegrunzt, gequiekt und wild gestikuliert (das tun wir ja heute noch gerne) und hatten Rufsignale, die ihre Jagd im Team koordinierten oder vor Gefahr warnten, so wie wir das von Affen und anderen Tieren her kennen. Eine differenzierte, mündliche Symbolsprache gibt es jedoch erst seit etwa 20.000 bis 100.000 Jahren, sagen die Forscher. Hinweise darauf finden wir in der an Fossilien erkennbaren Kehlkopfentwicklung.

Unsere heutigen Sprachen haben ihren Ursprung in den Lautäußerungen der Urhorden jener Zeit. Schon damals hatte die Sprache sowohl abbildenden wie auffordernden Charakter. Vermutlich hatten unsere Vorfahren ein Wort für das zu erhaltende Lager- oder Herdfeuer. Sie bildeten es also in dem dafür benutzten Laut ab. Andererseits kann ein Wort wie »Feuer«

auch eine Aufforderung zum Davonlaufen sein, dann hat es mehr auslösenden als abbildenden Charakter. Dies sind die beiden wichtigsten Grundfunktionen von Sprache.

Die technischen Revolutionen

Die schriftliche Kommunikation ist viel jünger. Ihren Beginn vermutet man vor ungefähr 5.300 Jahren in den Keilschrifttafeln von Uruk in Mesopotamien, im Zweistromland. Aber selbst heute ist die Schriftsprache noch nicht bis zu allen Erdbewohnern vorgedrungen. Die OECD gibt eine Alphabetisierungsrate der Weltbevölkerung von 63 Prozent für das Jahr 1963 an und immerhin 79 Prozent für das Jahr 2000. Allerdings nennt sie für Deutschland 99 Prozent, während Fachleute die Analphabeten unter den deutschen Erwachsenen auf über zwei Millionen schätzen. Sie können keine Straßenschilder lesen, geschweige denn den Fragebogen vom Einwohnermeldeamt, einfach weil sie die Buchstaben, die sie sehen, nicht verstehen.

Die Erfindung der Schrift war die erste große Revolution der Kommunikationstechnik. Bis vor wenigen Generationen war nur eine Elite in den Gebrauch der Schrift eingeweiht, die deshalb entsprechend große Bedeutung hatte in Gesellschaft, Politik und Religion. Bis heute gibt es Schriften, die als »heilig« gelten. Es gibt Schriften, die Frauen, »Andersgläubige« oder »Unberührbare« nicht lesen oder nicht rezitieren dürfen. Viel Kult gab es um die Schrift in den vergangenen Jahrtausenden. Das ist verständlich, solange sie als Kommunikationsmittel noch neu und deshalb etwas Besonderes war. In Zeiten der Werbefluten und Spams relativiert sich das allerdings ein bisschen.

Die Idee, den mechanischen Abdruck zur Vervielfältigung zu nutzen, führte zur Erfindung des Buchdrucks

Die zweite große Revolution ist die Erfindung des Buchdrucks im 15. Jahrhundert. Auch hier waren die Folgen erheblich: Die großen Reformationen des 16. Jahrhunderts sind eine direkte Folge der Möglichkeit, Schriften nun nicht mehr nur durch manuelles Abschreiben vervielfältigen zu können, sondern maschinell. Auch die Aufklärung des 18. Jahrhunderts und die französische Revolution kann man noch als Spätfolge der Druckrevolution bezeichnen.

Ähnlich gewaltige Umwälzungen unseres Kommunikationsverhaltens gab es erst wieder im 20. Jahrhundert. Als erstes kam der Rundfunk, ohne den etwa Hitlers Propaganda nicht so tief hätte in die Seelen eindringen können. Auch die Jazz- und Rockmusik, die Grundlage der modernen Popmusik, hätte sich ohne Radio nicht so schnell über die Welt verbreitet. Die Beatles als Weltphänomen wären ohne Radio und Plattenspieler nicht denkbar gewesen. In der audiovisuellen Variante als Fernsehen hat der Rundfunk heute die gedruckte Schrift als Leitmedium abgelöst. Wir sind eine Fernsehgesellschaft geworden, mit fast vier Stunden Konsum pro Tag pro Bürger und einer entsprechend dominanten Wirkung der dort vermittelten Bilder und Sprachformen auf fast alle Lebensbereiche.

Aber auch das war noch nicht das Ende: Seit den 70er Jahren gibt es das Internet, das 1993 durch grafikfähige Browser zum world-wide-web (www) wurde, mit einer Massenwirkung, die dabei ist, unsere Kommunikation ähnlich tief umzuwälzen wie damals die Erfindung der Schrift und später die Erfindung der Druckmaschine. Wir sind noch mitten drin in dieser Revolution. Sie hat Rückwirkungen auf alle Arten der Veröffentlichung und auf alle Bildungssysteme der Welt, und sie wird auch unsere politischen und sozialen Systeme umwälzen.

Vom Urozean bis zum Internet-Terminal: die Geschichte der Kommunikation

Die Zeitabstände zwischen den Revolutionen sind kürzer geworden. Von der mündlichen bis zur schriftlichen Sprache waren es noch ein paar zigtausend Jahre. Dann nur noch fünftausend bis zur Erfindung des Buchdrucks. Dann nur noch fünfhundert bis zum Fernsehen und von dort nur noch fünfzig bis zum Internet. Wenn das Tempo dieser Beschleunigung so bliebe, hätten wir in fünf Jahren die nächste Revolution. Die mobile Kommunikation per Handy, die Sprachveränderungen durch E-Mail, SMS und Fotohandy sind ein Zeichen, dass es in hohem Tempo weitergeht, auch wenn die Beschleunigung der Umwälzungen nachlassen muss. Wir Menschen sind psychisch einfach zu langsam dafür. Wir können nicht in einer Generation mehrere Umwälzungen von einer Radikalität des Buchdrucks oder der Erfindung der Schrift verkraften. An den vielen Menschen, die noch glauben, dass gewisse »Heilige Schriften« wörtlich so von Gott formuliert worden seien, sieht man, dass solch ein Tempo für das seelische Verarbeitungsvermögen der Menschen eine sehr hohe – zu hohe – Beanspruchung ist.

Aber es geht weiter, und es bleibt spannend. Ein Bewusstsein dessen, was Kommunikation überhaupt ausmacht und wie Sprache funktioniert, ist in solch revolutionären Zeiten allemal hilfreich.

Die Suche nach dem Zeitlosen

Das war die Geschichte der Sprache im Zeitraffer durch die Jahrzehntausende. Im Rausch der Beschleunigung dieser Entwicklung, von einer Revolution zur nächsten, sehnen wir uns nach etwas, das ruht, nach etwas Zeitlosem, und fürchten uns gleichzeitig davor.

Unsere Scheu vor dem Festgehaltenen, der Dokumentation, beruht auf der Angst, damit festgelegt zu sein. Warum zögern wir, auf einen Anrufbeantworter zu sprechen? Weil wir damit ein Dokument hinterlassen. Es ist dasselbe Zögern, das uns vor dem Schreiben zurückweichen lässt, während uns das Plappern doch so leicht fällt. Mit dem Schreiben aber hinterlassen wir etwas Unwiderrufliches. Es ist die Angst vor der Greifbarkeit, vor der Verantwortung für das, was man hinterlassen hat. Seit die Audiotechnik dafür gut genug ist, gibt es auch mündliche Sprachdokumente. Seitdem kann man auch beim Besprechen eines Anrufbeantworters eine »Schreibhemmung« haben.

Ja, da ist die Angst – aber da ist auch die Sehnsucht! So sehr wir uns scheuen, Dokumente zu hinterlassen, so sehr sehnen wir uns nach genau dem: einem Überleben im Zeitlosen.

Doch was überdauert schon ewig? Eine in Stein gehauene Skulptur ist etwas Bleibenderes als ein auf Papier geschriebener Satz. Michelangelos David berührt die Ewigkeit mehr als ein Satz von Wittgenstein. Aber auch Bildersprachen erliegen der Vergänglichkeit, nicht anders als Wortsprachen. Die Venus von Willersdorf gibt es schon länger als die Keilschrifttafeln von Uruk, aber wir verstehen ihre Form kaum mehr, viel weniger jedenfalls als das Gilgamesch-Epos oder die Sagen des Odysseus. In 200 Jahren wird es an lebenden Sprachen vielleicht nur noch Dialekte des Englischen geben. Und wenn der Mensch ausstirbt, was bleibt dann? Die überlebenden Ratten, Ameisen oder Fliegen werden die im Internet oder in Bibliotheken und Museen hinterlassenen Dokumente jedenfalls nicht verstehen.

Aber wer weiß, vielleicht kommt es auch ganz anders, und dieses Buch wird in 200, 2.000, 20.000 Jahren noch gelesen werden. Angst, Spuren zu hinterlassen, habe ich nicht mehr, jedenfalls als Schreibender nicht: Ich wünsche mir, dass es weiter geht und dass wir Menschen noch viel inniger miteinander zu kommunizieren lernen als bisher.

2

Die Verzauberung

Sprache erzeugt Wirklichkeit

Jemand ruft mir zu »Komm her!« oder »Du Verbrecher!« oder sonst ein paar Worte in der Sprache, in der ich aufgewachsen bin. Was geschieht da? Das sind Geräusche, ja, aber es sind besondere Geräusche. Wäre ich in Japan aufgewachsen, würde ich bei so einem Ausruf nur auf die Stimmtonlage reagieren, aber als Deutscher löst es ein viel mächtigeres Gefühl in mir aus. Wahrscheinlich werde ich mich daraufhin bewegen, nicht ganz wie eine Marionette, aber doch auch nicht mehr frei. Ich reagiere derart nur auf die Laute einer Sprache, in der ich geprägt wurde, insbesondere auf meine Muttersprache. Die Laute zu »verstehen« heißt hier, beim Hören von ihnen unwillkürlich (!) eine Bedeutung zu assoziieren. Ich werde von ihnen in eine Versteh-

Trance versetzt, ob mir das nun gerade passt oder nicht.

Ich bin im Urlaub in einem Hotel auf Mallorca. Es ist elf Uhr abends und im Nebenzimmer streitet sich ein Paar. Die Hotelwände sind dünn. Sie streiten sich auf Deutsch. Warum kann ich nicht abschalten? Ich höre die einzelnen Vorwürfe, erinnere mich dabei an Streitereien, die ich selbst erfahren habe, es geht unter die Haut, es tut weh. Würden sie türkisch sprechen, könnte ich viel leichter einschlafen.

Wenn wir auf einen Reiz kulturell geprägt wurden, nehmen wir das sinnliche Ereignis nicht mehr so wahr, wie es sich darbietet. Wir nehmen nicht mehr wahr, was wirklich geschieht, sondern sind die Opfer dessen, was es in uns aufgrund der Prägung, die wir erfahren haben, auslöst. Wie sehr das der Fall ist, fand im Jahre 1936 ein New Yorker Psychologe namens J. R. Stroop heraus: Es gelang ihm, diese anfängliche Wahrnehmungstäuschung als Reaktionsverzögerung zu messen.

In den Bann geschlagen: der Stroop-Effekt

Stroop stellte fest, dass Menschen, die das Wort »blau« in roter Schrift präsentiert bekommen und dann nach der Farbe der Schrift gefragt werden, diese nur mit deutlicher Verzögerung nennen können. Gebannt von der Bedeutung des Wortes, fällt ihnen zuerst »blau« ein, dann erst die tatsächliche Farbe des Wortes. So wie den Probanden in Stroops Versuchsanordnung, so geht es uns auch sonst mit der Wirkung von Sprache: Zuallererst sind wir gebannt von deren Bedeutung; erst dann nehmen wir wahr, was da wirklich ist. In die psychologische Literatur ging dieses Phänomen als »Stroop-Effekt« ein und wurde lange Zeit kaum weiter beachtet.

Es dauerte 69 Jahre bis ein anderer Wissenschaftler – Amir Raz, ebenfalls ein New Yorker Psychologe – die Sache weiter erforschte und herausfand, dass sich der Stroop-Effekt durch Hypnose aufheben lässt: Suggeriert man den Versuchsteilnehmern hypnotisch, dass die im Folgenden gezeigten Zeichen keine Bedeutung haben, dann ist für die Hypnotisierbaren unter ihnen (in der Regel circa die Hälfte) der

Stroop-Effekt aufgehoben; sie erkennen nun wieder ohne Verzögerung, was sie wirklich vor Augen haben.

Hypnose ist also hypnotisch aufhebbar. »De«Hypnose kann uns von den Wirkungen einer hypnotisch induzierten Prägung wie etwa der Spracherziehung befreien. Der Stroop-Effekt ist annullierbar. Das Experiment von Amir Raz legt nahe, dass die Prägung auf eine Sprache ein hypnotisierender Vorgang ist und dass Prägungen (de)hypnotisch aufhebbar sind. Daraus folgt, dass wir freier sind, als wir uns verhalten. Wir sind nicht ein für alle Mal die, als die wir geprägt wurden und die wir seitdem zu sein glauben, sondern wir sind in der Wahl unserer Identität frei.

Wie aber entsteht eine persönliche Identität überhaupt? Erst wenn wir das verstehen, kann es uns gelingen, sie zu verändern.

Identität und Prägung – die Verzauberung des Individuums

Als ungefähr vierjährige Kinder wurde uns das »Ich« beigebracht. Von da an sollten wir »Jemand« sein. Wer dieser Jemand ist, das wiesen uns unsere Eltern und Erzieher zu.

Auch als Erwachsene laufen wir oft noch mit der Identität herum, die wir als Kinder verpasst bekamen

Wir akzeptierten das nur zu gerne, denn so sind wir von Natur aus: willige Überträger von Kultur. Anders hätte menschliche Kultur über die Jahrzehntausende gar nicht vermittelt werden können. Anders hätten Stämme, Nationen und Völker nicht funktionieren können. Durch die Zuweisung einer Rolle werden wir im gesellschaftlichen Miteinander individuell ansprechbar: Wir sind nun nicht mehr einfach eines von vielen Kindern, sondern ein Jemand, eine ganz bestimmte soziale Identität. Man nennt diesen Vorgang auch Sozialisation oder Akkulturation.

So bekamen wir – mehr oder weniger unbewusst – Rollen zugewiesen, fiktive Persönlichkeiten. Die rituelle Kraft der Sprache unserer Eltern und Erzieher, die für uns als Kinder absolute Autoritäten waren, prägte uns. Sie hat uns zu denen gemacht, die wir sind, oder die wir zumindest glauben, zu sein – bis wir aus dieser Trance aufwachen.

Im Nahen Osten erzählt man sich die Geschichte von einem Adler, der unter Hühnern aufwuchs und deshalb glaubte, ein Huhn zu sein. Auch als er am Wasser sein eigenes Spiegelbild sah, erkannte er sich noch nicht.

Erst als ein anderer Adler ihn entdeckte und eines Tages die Gelegenheit wahrnahm, ihn von einem hohen Felsen zu schubsen, merkte er, dass er ein Adler war und kein Huhn – er konnte fliegen!

Wie sehr wir uns auch an unsere Identität klammern mögen, sie ist etwas Künstliches. Sie wurde uns von Menschen zugewiesen – und nun laufen wir damit umher und glauben, die Person zu sein, zu der man uns gemacht hat.

Wie konnte das nur passieren? Es geschah durch die Magie der Sprache. Die Aneignung einer Identität ist ein sprachmagischer Vorgang. Wir werden von Worten, Zeichen und Gesten gebannt und laufen fortan mit dieser Markierung umher. Wir sind Hypnotisierte! Der Vorgang der Übertragung oder Vermittlung einer Identität ist ein hypnotischer, ein tranceinduzierender, das zeigen nicht erst die Experimente von Stroop und Raz, das ist aus dem Schamanismus und der Hypnoseforschung längst bekannt.

Das Beunruhigende an diesen Tatsachen ist, dass sie zeigen, wie sehr wir Marionetten unserer Prägung sind und nicht frei entscheidende, souveräne Wesen. Andererseits sind diese Prägungen auch die Basis unserer Kultur und kulturellen Verschiedenheit. Die Menschheit ist nicht nur so vielfältig, weil wir so verschiedene Erbanlagen haben, sondern auch, weil wir so verschieden geprägt wurden. Das macht die bunt schillernde Schönheit der Weltkultur aus, ihre Vielfalt.

Wir sind sprachmagisch
gesteuerte Wesen

Für die Vorgänge und Zusammenhänge in der Welt um uns herum findet die Wissenschaft – von der Physik bis zur Psychologie – einigermaßen rational nachvollziehbare Erklärungen. Das Innere von uns, in dem unsere Identität ihr geheimnisvolles Wesen treibt, erschließt sich dem Zugriff des rationalen Denkens nicht so leicht. Hier scheint Magie zu regieren. Die Art, wie wir einander Rollen und damit Identitäten zuweisen, ähnelt viel mehr der Zauberei in unseren Märchen als dem, was wir in den Schulfächern Biologie oder Sozialkunde über den Menschen gelernt haben. Diese Zauberkunst ist zwar psychologisch-kybernetisch erklärbar, sie ist dabei aber doch so »fabelhaft«, wie die Vorgänge der Trance-Induktion und der Hypnose. Die Mittel, die wir bei dieser »Zauberei« verwenden, sind Worte, Gesten, Zeichen und andere Bedeutungsträger.

Unsere Gesellschaft hält sich für aufgeklärt, aber das ist sie nicht. Kommunikation ist ein Vorgang, der von sehr vielen irrationalen Faktoren bestimmt wird, und wir entsetzen uns oder freuen uns über die Folgen, ohne sie wirklich zu verstehen.

Aber was wären Kultur, Kunst und menschliches Miteinander ohne diesen Zauber der Faszination, der Trance, der Assoziation? Er ist mitten unter uns, in unseren Gesten, Bildern und Zeichen, und seine Wirkung reicht weit. Wer diese Magie versteht, die Magie der Kommunikation, hat viel verstanden: Sprache und Kultur, Kult und (Ver)Führung, Ego und Identität. Und wie versteht man sie? Indem man beobachtet.

Der ganze Tag ist angefüllt mit Kommunikationsvorgängen, kaum mal unterbrochen von einer stillen Minute. Was rede ich denn da gerade? Meine ich das wirklich? Worüber wird da nachgedacht? Wie wird zugehört und was versteht dieser Lesende von dem, was da geschrieben steht? Was wird gesagt, was wird übertragen? Wie gelingt diese Verzauberung? Und vor allem: Wie können wir unsere »selbst verschuldete Unmündigkeit« (Immanuel Kant) ablegen und unsere Souveränität wieder erlangen, die wir mit der Spracherziehung an unsere Kultur abgegeben haben und immer wieder neu abgeben, mit jeder uns faszinierenden Person und jedem uns verzaubernden Gegenstand? Die Achtsamkeit im Umgang mit den täglichen Kommunikationsvorgängen ist der Schlüssel dazu.

Charisma – die Verzauberung der Massen

Zu diesen nicht logisch erklärbaren, aber in der Kommunikation äußerst mächtigen Faktoren gehört auch die so genannte persönliche Ausstrahlung, das geheimnisvolle »Charisma«. Wer oder was hat Charisma? Das Wort selbst fasziniert. Überall treffen wir es an, sogar in dem angeblich nüchternsten Teil unserer Gesellschaft, der Wirtschaft; auch dort bewundert man »charismatische Führungspersönlichkeiten«, Verkäufer mit Ausstrahlung und allem voran die Magie des Geldes.

Mindestens ebenso magieanfällig, ja im Kern magisch sind der Kulturbetrieb (Schauspieler, Künstler, ihre Werke) und die Politik: Schröder hatte »es« angeblich, Merkel nicht, hieß es, bevor sie Kanzlerin wurde. Ist »es«

die Ausstrahlung der Macht? Der Glanz der Autorität, der Kompetenz, der Schönheit, der Weisheit?

Von den Menschen, denen wir Charisma zusprechen, erwarten wir Großartiges (oder auch Schreckliches), wir lieben oder fürchten sie, wir sind von ihnen gebannt. Charisma ist ein Ausdruck von Kommunikation, denn ohne ein Publikum hat niemand Ausstrahlung. Immer ist es eine Beziehung: die zwischen dem ausstrahlenden Objekt und dem dieses wahrnehmenden Subjekt. Hat Daniel Küblböck Ausstrahlung? Nicht auf mich, aber auf ein paar tausend Fans doch sehr. Hatte Hitler Ausstrahlung? Gewiss auf Millionen, aber nicht auf alle, die ihn wahrnahmen; auf viele wirkte er wie ein Clown oder ein Egomane.

Überall begegnen wir der geheimnisvollen Kraft des Charismas. Wir verstehen sie nicht. Vielleicht wollen wir das auch gar nicht und verdrängen sie, weil sie uns unheimlich ist. Weil wir sie nicht kontrollieren können, negieren wir sie und verfallen ihr doch – und gerade davor haben wir Angst. Manchmal hilft es, das Bedrohliche zu benennen und zu sagen: Er (oder sie) hat Charisma! Richard Nixon sei bei seinem legendären Besuch in Peking dem Charisma von Mao Tse Tung erlegen, heißt es, dem wahrscheinlich größten Mörder des 20. Jahrhunderts. Wie konnte das passieren? Und warum erlagen Massen von Männern dem Charme einer schüchternen Marilyn Monroe?

Was passiert, wenn wir uns verlieben? Oder wenn wir jemanden als »natürliche Autorität« betrachten? Die Bibel erzählt, der zwölfjährige Jesus habe im Tempel mit Macht gesprochen und die Schriftgelehrten beeindruckt. Der russische Mönch Rasputin verzauberte den Zarensohn und heilte ihn dadurch. Durch seine Ausstrahlung fasziniert ein David Copperfield sein Publikum (und Claudia Schiffer gleich mit). Was passiert da?

Wann sollten wir vor diesem rätselhaften Phänomen auf der Hut sein, und wann dürfen wir es genießen? Und wenn Charisma nicht nur ein Gnadengeschenk ist (das ist in etwa die Übersetzung des Wortes aus dem Griechischen), sondern sich herbeiführen lässt, dann, ja, bitte: Wie schafft man das?

Zaubern lernen durch Bewusstwerdung

Alle diese merkwürdigen Phänomene sind Kommunikationsvorgänge. Immer bestehen sie aus einem auslösenden Sender und einem faszinierten Empfänger des Signals. Wer diese Vorgänge in ihrer positiven wie negativen Wirkung in den Griff bekommen will, muss zunächst einmal diese Dreiheit verstehen: Sender, Signal, Empfänger. Immer gibt es diese drei. Eine Aussage wie »Marilyn Monroe ist faszinierend« täuscht, denn sie allein ist nichts, jedenfalls nicht faszinierend. Es fehlen bei dieser Aussage zwei Teile: »Für wen« ist sie faszinierend (Wer ist der Empfänger?) und »wodurch« (Was ist das Signal?). Wer diese beiden Teile nicht beachtet, sie vielleicht sogar aus dem Bewusstsein verdrängt, ist in Gefahr – angesichts eines Hitler noch mehr als angesichts einer Diva oder Pop-Ikone. Wenn wir allerdings alle drei Fragen beantworten können, sie vielleicht sogar im Bewusstsein präsent halten, dann sind wir schon ein bisschen aus der Trance aufgetaucht und beginnen, wieder Herr unserer selbst zu sein. Dann sind wir nicht mehr ganz so leicht zu faszinieren und zu verzaubern und haben einen gewissen Spielraum gewonnen, wann wir das zulassen wollen.

Die kreischenden Groupies vor der Bühne des Rockstars, die von Hitler faszinierten NSDAP-Mitglieder, als sie dem arbeitslosen, ehemaligen Soldaten und gescheiterten Künstler 1921 die Führung ihrer Partei übergaben, die Massen auf dem Petersplatz in Rom, die dem alten oder dem neuen Papst zujubeln und dabei einen »heiligen« Schauer spüren, alle diese Menschen sind Faszinierte (von lat. *fascinare* = behexen, verzaubern). Sie befinden sich in einer Trance.

In einem Trancezustand ist die Wahrnehmung eingeschränkt oder erweitert (wie etwa in den »altered states of consciousness« der schamanischen Trance) Im Falle der Faszination ist die Wahrnehmung auf das Objekt eingeschränkt: den Führer, den Papst, das geliebte oder verehrte Idol, den Lover oder Verkäufer. Das ist nicht an sich zu verurteilen, es ist nur gefährlich, wenn es unbewusst geschieht und die Faszinierten nicht wissen, dass sie fasziniert sind. Geführte und Verführte unterscheiden sich vor allem dadurch, dass die Verführten nicht wissen, was mit ihnen geschieht.

Sprache ist immer auch (Ver)Führung

Der Kern dieses Prozesses liegt im sprachlichen Übertragungsvorgang. Im Wort und in der Geste, im Ritual, in der bedeutungsvollen Kommunikation liegt der Ursprung von Kultur und Identität. So kann man auch den vielzitierten Bibelspruch »Am Anfang war das Wort« verstehen: Erst ist das Wort da, das faszinierende Zeichen und dann seine enorme, Welten erschaffende Wirkung. Worte können ganze Welten erschaffen: die Welten der Vorstellung, der Fantasie, des Glaubens, der Überzeugung. Als Schöpfer solcher Welten sind wir Götter. Historisch-faktisch aber ist der Satz natürlich falsch, denn ohne Menschen gibt es keine Worte.

Was Sprache anbelangt, sind wir alle solche Zauberlehrlinge, wie Goethe sie in seinem Gedicht beschreibt: Die Geister, die wir riefen, die werden wir nun nicht los, denn wir verstehen nicht, wie sie funktionieren und können sie deshalb auch nicht beeinflussen. Wir unterliegen ihnen und sind ihnen ausgeliefert. Deshalb ist es so wichtig zu verstehen, wie Sprache funktioniert. Erst wenn wir das verstehen, können wir ihren unerwünschten Wirkungen entkommen und sie bewusst und zielführend einsetzen.

Harry Potter ist ein Märchen. Dies hier aber ist keines: Dieses ist die Geschichte von der Macht der Sprache und dem »Reich der Identitäten«, in dem wir mit unserer Sprache zaubern können wie im Märchen.

So wie in Goethes Gedicht vom Zauberlehrling werden wir als unbewusste Anwender von Sprache »die Geister, die wir riefen« nun nicht mehr los.

3

Dichtung und Wahrheit

Wahrnehmen was ist und Bedeutung erschaffen

Was ist wahr und was ist unwahr? Witze und Spielfilme sind ebenso Erfindungen wie Lügen und böswillige Propaganda. Das eine geschieht mit guter, belustigender oder unterhaltender Absicht, das andere mit böser Absicht. Die Ethikregeln aller Kulturen verbieten das Lügen zwar, aber um eine Lüge zu entlarven, muss man sie erst mal als solche erkennen, und das ist oft gar nicht so leicht. Immerhin ist ja auch eine Lüge eine höchst kreative Erfindung, nur eben mit dem Ziel geäußert, eine Unwahrheit zu verbreiten. Was aber sind die wahren Tatsachen? Was unterscheidet eine wahrhaftige Erzählung eines Ereignisses von einer unwahrhaftigen? Wir wissen doch, wie leicht wir uns täuschen lassen. Wer den Vorgang der Wahrnehmung studiert, kann leicht zu dem Schluss kommen – je genauer er ihn studiert, umso mehr –, dass alles, was wir von der Welt zu sehen glauben, nur Einbildung ist.

Unser Weltbild hängt von tausend beeinflussbaren Faktoren ab. Zunächst einmal nehmen wir die Welt über unsere Sinne wahr, über Auge, Ohr, Nase, Zunge und die Empfindungen unseres Körpers (besonders der Haut). Meist halten wir das, was wir über unsere Sinnesorgane von der Welt »wahr«nehmen für die Wahrheit und sagen dann zum Beispiel: »Das habe ich mit meinen eigenen Augen gesehen!« Auch vor dem inneren Auge oder Ohr nehmen wir eine Welt wahr, indem wir uns etwas vorstellen oder uns an etwas erinnern. Auch dieses sind (in diesem Falle gespeicherte) sinnliche Eindrücke: Wir haben etwas gehört oder gesehen und erinnern uns nun daran oder stellen uns vor, wie es wäre, wenn wir dies oder das sehen oder hören würden.

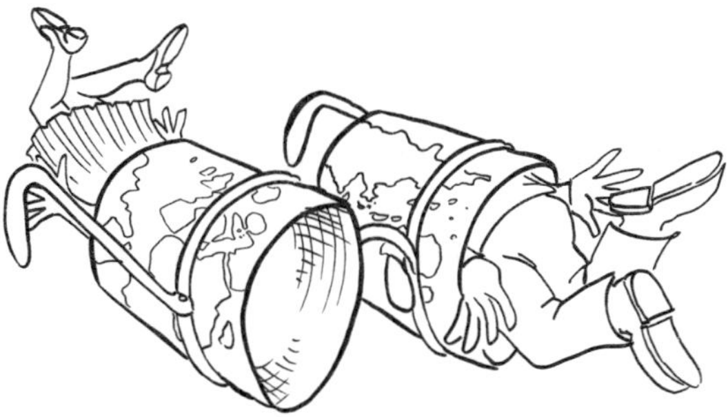

Unsere Wahrnehmung der Welt ist gefangen im Tunnel der Verbaltrance

Die Sprache der Worte nehmen wir vorwiegend über Augen und Ohren wahr, die mündliche Sprache über das Ohr, die schriftliche über das Auge. Im Falle der Blindenschrift ist das wahrnehmende Organ die Haut der tastenden Finger. Auch das Rot oder Grün einer

Ampel, die Handzeichen des Fluglotsen beim Dirigieren eines Flugzeugs oder den Ton einer Warnsirene kann man im erweiterten Sinne als sprachliche Zeichen verstehen und sogar den erotischen Duft eines Parfüms, das einem beim Rendezvouz entgegenströmt, eh noch das erste Wort gesprochen ist. Solch ein Duft kann mehr sagen, als viele Worte, er kann sogar etwas versprechen.

Wer noch weiter aus dem engen Tunnel der Verbaltrance hinaus in die weite Welt des sinnlich Erfahrbaren gehen will, findet dort eine Welt voller Zeichen, die uns etwas erzählen können, wenn wir sie nur zu deuten wissen.

Den Blick weiten: Alles hat Bedeutung

Wenn unsere Wahrnehmung sich so weit geöffnet hat, dass wir ein Zeichen *auch* als etwas nur für sich Stehendes sehen können, dann haben wir den Tunnel ganz verlassen. Dann duftet der Weihrauch einfach nur, wie Weihrauch eben duftet – und nicht mehr nach katholischer Kirche. Beim Warten an der Kreuzung sehen wir das Rot der Ampel vor dem Hintergrund des ins Dunkelblaue verlaufenden Abendhimmels dann für ein paar Sekunden einfach nur als ein schönes Rot – es bedeutet nichts mehr, es ist einfach nur noch ein schönes, leuchtendes Rot.

Vernarrt in diese »gottesnahe« sinnliche Direktheit pflegen die Sufis, die Mystiker des islamischen Kulturraums, seit langer Zeit die Praxis des »Gibberish«. So nennen sie das sinnlose Reden, Lallen oder Brabbeln, mit dem sie sich in eine religiöse Trance versetzen. Ich wende das selbst gerne in meinen Schreibkursen an und finde darin das beste Mittel gegen Schreib- oder Sprechblockaden aller Art. Wer sinnlos brabbeln kann, der kann auch reden oder schreiben. Diese Übung ist eine Befreiung von dem oft als Terror empfundenen sozialen Druck, unablässig den richtigen Sinn korrekt zu vermitteln. Nichts mehr bedeuten zu müssen – was für ein Genuss!

Wenn wir aus der unendlichen Weite dieses fröhlichen Eintauchens in die Sinnlosigkeit zurückkehren, entdecken wir einen großen Ausdrucksreichtum. Wir müssen nicht einmal etwas tun: Allein dadurch, dass wir sind, wie wir sind, »sprechen« wir ja bereits. Wir verstehen nun, dass jede Bewegung unseres Körpers eine Geste ist, auch die unabsichtliche, und entdecken, dass die Kommunikation außerhalb der Verbalhypnose viel wirkungsvoller sein kann als gesprochene oder geschriebene Worte. Sobald der Wahrnehmungstunnel der Verbalsprache einmal verlassen ist, wird es überall hell, und auch Infojunkies, Leseratten und Quasselstrippen können erkennen: Alles hat Sinn!

In den Phänomenen der Welt lesen können wie in einem Buch ...

Still sitzend, ohne zu lesen oder zuzuhören, ohne zu reden oder etwas darzustellen, können wir die Bedeutung der Dinge wahrnehmen und spüren, wie sie zu uns sprechen. Sie sprechen nicht wie ein Redender, aber doch auf ihre Art. Je nachdem, was für ein Ding es ist und wo es steht, bedeutet es etwas, und jedes hat seine Geschichte. Nur Worte und Wortlaute für Bedeutungsträger zu halten, das ist, als würde man sich als Lesender auf ein einziges Buch beschränken und glauben, in diesem sei die Welt bereits ausreichend beschrieben.

Wir hören den Vögeln zu und dem Wind oder in der Stadt den tausend Klängen, die von der Straße her durchs Fenster hereindringen. Jedes Geräusch »sagt« etwas. Für den so Wahrnehmenden ist der Unterschied zwischen Sprachlichem und Nichtsprachlichem aufgehoben. In diesem Augenblick gibt es keine Sprachlosigkeit mehr und auch kein bedeutungsloses Geräusch oder Ding, kein Nichtverstehen und Nichtverstandenwerden mehr. Einsamkeit, das war mal. Nun spricht alles um mich herum und versteht mich; ich bin eingebettet, geborgen in einem miteinander kommunizierenden Ganzen.

Was ist echt?
Wie wir uns verführen lassen

Auch in der Welt, die zwischen Sprachlichem und Nichtsprachlichem unterscheidet, gibt es den Unterschied zwischen Wahrem und Unwahrem, und in welche dieser beiden Kategorien eine Aussage gehört, hat oft große Konsequenzen. Durch unwahre Aussagen können wir betrügen, verleumden, einen Meineid begehen, einen Freund verraten und dadurch seinen Feinden ausliefern. Andererseits können wir durch wahre Aussagen Menschen vor Gefahren schützen, zur Erkenntnis verhelfen, sie miteinander verbinden und Liebende zueinander führen.

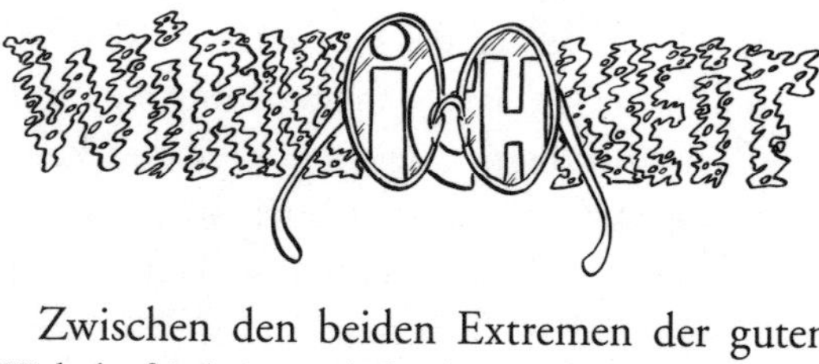

Zwischen den beiden Extremen der guten Wahrhaftigkeit und der bösen Unwahrhaftigkeit gibt es alle Arten von Übergängen zwischen dem Wahren und dem Unwahren, dem Echten und dem Unechten. Manchmal ist das eine vom anderen gar nicht so leicht zu unterscheiden.

Als ich einmal in einer Fernsehshow auftrat, musste ich vorher in »die Maske«. So nennen Fernsehleute das, was sie vor einem Auftritt mit dem Gesicht machen, damit es natürlicher aussieht und zum Beispiel nicht so glänzt. Solche gut vorgetäuschte Authentizität ist auch das Erfolgsrezept der professionellen Werbung. »Die neue Ehrlichkeit« sei jetzt in der Werbung angesagt, hieß es kürzlich. Natürliche Schönheit ist gefragt, deshalb setzen Visagisten und Fotografen ihr professionelles Wissen ein, um Gesichter natürlich aussehen zu lassen – natürlicher als sie sind. Die Kunden wollen Authentisches, also täuscht man Authentizität vor.

Auch die Kunsthändler auf den Straßen von Kathmandu befriedigen ein Bedürfnis, wenn sie ihren Kunden auf antik gemachtes, künstlich gealtertes Kunsthandwerk anbieten – sie machen auf alt, die Kosmetiker machen auf jung.

Wollen wir wirklich »das Echte«? In den romantischen Phasen unseres Lebens wollen wir das und sind dabei manchmal ziemlich kompromisslos verliebt in die Wahrheit. Dabei ist ein guter Fälscher immerhin ein guter Fälscher und als solcher authentisch. Ein guter Werber ist ein authentischer Zauberkünstler, der seinen Kunden ein echt geschöntes Produkt vorführt: Er zeigt ihnen alle die schönen Seiten, die es hat. Reklame, Öffentlichkeitsarbeit, Werbekampagnen, produktherstellerfinanzierte Texte, Kundenzeitschriften, Anzeigenblätter, die Werbesendungen im Fernsehen, das auch in Spielfilmen bezahlte Product Placement, alles das gleicht dem Rotlichtbezirk einer Stadt: Wenn auf dem Straßenstrich eine Frau mich mit »Na, du Süßer, ich liebe dich!« anspricht, weiß ich, dass sie das nicht tut, weil sie sich gerade in mich verliebt hat und sich nun ein Herz fasst, mich anzusprechen, sondern weil sie Geld verdienen will.

Neulich sprach ich mit einem Drucker, der sagte, der weitaus größte Teil des heutzutage Gedruckten seien Werbedrucke. Das heißt: gekaufte Informationen, keine authentischen. Wir befinden uns also auch hier im Rotlichtbezirk. Die von Werbung überhäuften öffentlichen Räume in den Städten sind ein Puff – unser ganzes globales Dorf, soweit die Weltwirtschaft es erreicht hat, ist so gesehen ein Puff (Italiener sagen: »un casino«) oder eben einfach ein Marktplatz: Die dort veröffentlichten Informationen sind nicht echt, sondern von Interessenvertretern gekauft. Auch Zuhause ist man nicht vor ihnen sicher: Trotz raffinierter Spamfilter sind die Botschaften, die ich jeden Morgen in meiner Mailbox finde, zu 80 Prozent Werbemüll.

Der Aufschrei, die Klagen, Hymnen und Gesänge echter Kunst sind selten geworden, denn jeder hat etwas zu vermarkten, etwas anzupreisen, damit der Rubel rollt. Sogar bei der sich als echt gerierenden Kunst stehen oft Karrieredenken, Anpassungswille, das Schielen nach einem Kunst- oder Designerpreis oder eine beschönigende Selbstdarstellung als Motiv dahinter.

Meine langjährige, manchmal schier verzweifelnde Suche nach Wahrheit und Authentizität habe ich nur beschwichtigen können, indem ich meinen Humor so weit dehnte, dass ich nun auch Nachahmungen und Fälschungen in ihrer »Echtheit« zu bewundern imstande bin. Warum suchen wir denn überall nach dem Original? Andere zu imitieren, sie »nachzuäffen« gilt als peinlich. Warum suchen wir so sehr nach Authentizität und beanspruchen, auch selbst echt zu sein? Etwas Gutes durch Nachahmung zu wiederholen, ist doch eigentlich eine gute Idee – alle Vorbilder wirken so. Unser ganzes Bildungssystem stärkt schließlich seine Schüler darin, möglichst gut nachzuahmen.

Echt zu sein wäre entspannender

Trotz dieser »ganzheitlichen« Sicht bleibt unser Bedürfnis nach Authentizität und Natürlichkeit. Angesichts einer Welt voller unfreiwilliger Täuschungen aus schierer Unbewusstheit wollen wir wenigstens nicht absichtlich getäuscht, reingelegt und belogen werden. Wir wollen, dass uns ein Mensch die Persönlichkeit von sich zeigt, die er selbst tatsächlich zu sein glaubt, wie sehr er sich damit auch irren mag. Es ist ja auch viel entspannender, sich nicht mehr zu verbiegen und zu verbergen und nicht zu versuchen eine andere Persönlichkeit vorzutäuschen als man – wie illusionstrunken, geprägt oder sonstwie verzaubert auch immer – tatsächlich zu sein glaubt.

An einem Sonntagnachmittag im Stadtpark fuhren zwei Männer mit einem Boot auf den See. Ausgerechnet der Nichtschwimmer der beiden lehnte sich beim Betrachten der Goldfische so über den Rand, dass er hinein fiel und nun um Hilfe rief. Sein Begleiter griff nach ihm, bekam aber nur die Jacke zu fassen. »Hilfe, Hilfe, ich ertrinke!« Nun griff der überraschend zum Retter Berufene nach dem Haarschopf des Ertrinkenden, aber der erwies sich als Perücke. »Hilfe, Hilfe ...«. Endlich bekam er den Arm des Hilflosen zu fassen, aber der stellte sich als Prothese heraus. Wütend rief er zurück: »Wenn du willst, dass ich dir helfe, musst du mir schon etwas Echtes in die Hand geben!«

Vom Medienzombie zum bewussten Gestalter

Jeder Deutsche über 14 Jahren konsumiert täglich etwa 10 Stunden lang diverse Medien, darunter 3 Stunden und 40 min Fernsehen, ungefähr genau so lange Radio, 44 min Internet, 28 min gedruckte Periodika und 25 min Bücher. Diese Zahlen stammen aus einer breit angelegten Untersuchung vom Frühjahr 2005. Der Gesamtkonsum wird damit als ungefähr anderthalb Stunden höher angegeben als für das Jahr 2000, damals waren es nur 8,5 Stunden. Und auch in den übrigen 6 wachen Stunden sehen wir noch die Werbeplakate am Straßenrand oder an der Bushaltestelle und beim Frühstück die Aufschriften auf dem Yoghurtbecher oder der Kaffeepackung.

Was die schriftliche, visuelle Kommunikation anbelangt, sind wir tagein, tagaus fast nur Empfänger: Wir lesen, aber wir schreiben nicht. Auch in der mündlichen Kommunikation gibt es ein solches Ungleichgewicht: Als Durchschnittsdeutsche hören wir mehr als sieben Stunden pro Tag Radio oder TV, sprechen aber nur einen Bruchteil dieser Zeit selbst. Weit mehr als die Hälfte unserer wachen Zeit konsumieren wir Medien oder hören anderen Menschen zu. Aktiv kommunizieren wir hingegen höchstens eine halbe Stunde pro Tag. Das ist beinahe so ungesund, als würden wir sehr viel essen, danach aber kaum etwas Verdautes wieder ausscheiden. Wer so lebt, leidet an Informations-Verstopfung und -Übergewicht. Entschlackung ist nötig, Aktivität, eventuell Einschränkung des Konsums.

Wenn es Informations-Ärzte gäbe, würden sie wohl zu einer Informations-Diät raten, und wenn es ein Informations-Ministerium gäbe, das seine Aufgabe ernst nimmt, würde es Wege suchen, die unkontrollierbare Informationsschwemme zu vermeiden und den Weg zu wesentlichen Informationen zu erleichtern.

Doch da es ohnehin besser ist, sich selbst zu helfen, können wir selbst Entscheidungen treffen, zum Beispiel: Ich konsumiere nur noch so viel, wie mir gut tut. Ich lese nur noch das, was ich wirklich wissen will, ebenso beim Fernsehen und Radiohören. Ich ziehe mir nicht mehr alles rein, was angeboten wird, beim Essen tue ich das ja auch nicht. Und was die Ausscheidung anbelangt: Ich spreche und schreibe dort, wo ich wirken kann.

Von Sokrates im antiken Athen (469-399 v.u.Z.), dem Lehrer von Platon und Aristoteles, wird folgende Geschichte erzählt:

»Weißt du, was ich gerade über einen deiner Freunde hörte?«, fragte ihn ein Bekannter. »Moment mal«, sagte Sokrates. »Bevor du mir über meinen Freund etwas sagst, möchte ich, dass du das, was du sagen willst, drei Mal filterst, zuerst nach der Wahrheit. Bist du dir wirklich sicher, dass das, was du mir erzählen willst, wahr ist?« – »Nein«, sagte der Mann, »ich hatte das gerade gehört und wollte es dir einfach weitergeben«. – »Du weißt also nicht, ob es wirklich wahr ist«, sagte Sokrates. »Lass uns nun den zweiten Filter anwenden, den der Güte. Ist das, was du mir über meinen Freund sagen willst, etwas Gutes?« – »Nein, im Gegenteil«, sagte der Mann, »es ist etwas Schlechtes.« – »Also«, fuhr Sokrates fort, »du willst mir über ihn etwas Schlechtes erzählen, und du bist dir nicht sicher, ob es wahr ist. Nun gibt es noch einen dritten Filter, den des Nutzens: Ist das, was du mir über meinen Freund erzählen willst, für mich nützlich?« – »Nein, nicht wirklich«, antwortete der Mann. –»Dann«, schloss Sokrates, »wenn das, was du mir sagen willst, nicht unbedingt wahr, nicht gut und auch nicht nützlich ist, dann sage es mir lieber nicht.«

Nicht mehr manipulierbar sein

Immer mehr ähneln sich die Botschaften der Medien. Drei Milliarden Menschen sehen sich eine Fußballweltmeisterschaft oder Olympiade an und sehen auf die Sekunde genau zur selben Zeit das entscheidende Tor. Oder sie erfahren über Auge oder Ohr von den entsetzlichen Schäden eines Tsunami, Erdbebens oder Krieges oder der jüngsten Nobelpreisverleihung. Die Welt fühlt zum großen Teil in ähnlicher Weise, weil sie von denselben Reizen magisch geprägt wird. So wie Werbebotschaften die Massen beeinflussen, so prägen auch politische Schocks wie Kriege, ein Börsencrash oder eine Inflation alle, die sie wahrnehmen. Auf diese Weise entsteht eine Art Gleichschaltung –eine Gehirnwäsche, könnte man sagen, wenn dabei doch nur irgendetwas sauber würde.

Die meisten der Botschaften in unseren öffentlichen Räumen sind gekauft oder unter Druck entstanden, jedenfalls von mächtigen Interessen gesteuert. Die Plakatwände und Litfasssäulen, die Aufschriften auf U-Bahnen, LKWs, Taxis und an den Innenrändern der Stadien, die Trikots der Sportler, die Papiere, die Lesende in der Hand halten – insgesamt finde ich dort mehr Werbebotschaften als nicht werbende Informationen. Und wenn ich mir die Massenmedien ansehe, mit der ganzen Aufregung um das Leben der Prominenten, kommen mir die Konsumenten dieser Medien vor wie Groupies, die am Bühnenrand kreischend ihren Idolen zujubeln – oder auch sie unisono wegen erfundener oder vorgefundener und aufgebauschter Skandale verurteilen. Was sind wir doch für ferngesteuerte Marionetten! Kaum jemand ist bei sich und souveräner Gestalter des eigenen Lebens. Seit ich mit 18 Jahren mein Elternhaus verließ, habe ich mir deshalb gelobt, mich »nicht kriegen zu lassen« von den magischen Verführern, sondern ich selbst zu werden.

Auf der Suche nach der Freiheit von unwillkommener Beeinflussung habe ich lange Zeit nicht zwischen Führern und Verführern unterschieden, sondern versuchte vor allem unbestechlich zu sein und ganz in mir selbst zu ruhen, nicht ablenkbar, gelassen, frei. Erst später habe ich wieder die Unterscheidung gelten lassen zwischen Menschen und Methoden, die in positiver Weise oder in negativer führen. Es dauerte Jahre, bis mir dämmerte, dass es immer Sprache ist, was einen Menschen führt oder verführt. Folglich musste der Weg in die Freiheit Sprache in ihrer Wirkung durchschauen.

Das schlimmste Negativbeispiel für die verführerische Kraft von Sprache war für mich über all die Jahre die Rede von Joseph Goebbels im Berliner Sportpalast am 18. Februar 1943, in der er nach der Niederlage von Stalingrad die Versammelten fragte: »Wollt ihr den totalen Krieg?« und sie zu Tausenden aufstanden und jubelnd »Jaaaa!!!!« riefen.

Nieder mit den Hutträgern!

Als Positivbeispiel empfinde ich die Reden des historischen Buddha, in denen er ein Thema darlegte und daraufhin, wie es in den alten Schriften heißt, etliche der Zuhörer das volle Verständnis erlangten. Durch Sprache Verständnis erlangen! Ich konnte es kaum glauben. Wo Sprache doch so viel Unheil anrichtet. Sprache ist jedoch wie ein Messer: Man kann mit ihm töten – in der Hand eines guten Chirurgen aber kann es Leben retten.

Wer erkannt hat, in welch ungeheurem Maße Sprache verführen und Unheil bewirken kann, mag versucht sein, niemandem mehr zu glauben und sich jeglicher Faszination durch Zeichen zu entziehen. Der Dorn, der verletzt hat, kann jedoch einen anderen Dorn aus der Haut entfernen. Sprache kann von Sprachgläubigkeit befreien – das ist eines der Ziele, die ich mir mit diesem Buch gesetzt habe. Sprache kann aber noch mehr: Sie kann mich zum Beispiel in der Dichtung auf süße Art in Regionen führen, in denen zu schwelgen durchaus erlaubt und wünschenswert ist. Um das eine vom anderen unterscheiden zu können, habe mir deshalb zum Ziel gesetzt, bei allem, was ich tue und kommuniziere, immer ein bisschen im Unveränderlichen verwurzelt zu bleiben, im Bewusstsein der Leinwand, auf der sich das Geschehen abspielt. Ich will die Muse, die mich küsst, nicht gleich heiraten, sondern lieber erst mal nur mit ihr flirten. Ich möchte den Hauch des Geistes wehen lassen, ohne gleich mitzufliegen im Wind des Trends, der verführerischen Botschaft. Ich will nicht gleich zum Fan des Auftritts werden, der dort gerade auf der Bühne stattfindet. Ich möchte in der Kommunikation bewusst bleiben und die Zeichen, auch wenn sie mir etwas bedeuten, weiterhin gleichzeitig als das sehen, was sie sind: Zeichen.

Brot und Spiele

»Brot und Spiele«, das ist es, was die Massen wollen, schrieb der Dichter Juvenal im alten Rom (um 100 n.u.Z.). Auch heute noch ist das so. Sobald unsere überlebenswichtigen Grundbedürfnisse einigermaßen gedeckt sind, lechzen wir nach Sinn. Bollywood ist die größte Kinoindustrie der Welt, noch weit vor Hollywood, und das seit langem: Auch im armen Indien gingen und gehen die Menschen ins Kino, auch auf dem Land, in den Dörfern; wer ein bisschen mehr als nur zu essen hat, leistet sich ein Kino-Ticket und borgt sich für ein paar Stunden eine glamouröse Identität.

Wer kann, gibt noch wesentlich mehr aus, um sich selbst und der Welt Sinn und Bedeutung zu geben. Doch wer nach einem tieferen Sinn sucht, für den ist das Leben auch mit gutem Essen, Sex und teuren Klamotten oder Autos noch immer freudlos. Bevor wir uns jedoch, als Mittel gegen diesen Weltschmerz, irgendwelchen Sekten, Religionen, politischen Parteien oder anderen Idolen in die Arme werfen, ist es gut, sich zu fragen, *was überhaupt Sinn und Bedeutung haben kann*, denn im engeren Sinne haben ja nur sprachliche Zeichen Bedeutung.

In einem erweiterten Sinne haben allerdings auch andere Dinge (Menschen, Ereignisse, Objekte aller Art) Bedeutung. Ähnlich wie Worte und Sätze werden sie zu Signalen. Wenn wir zum Beispiel einen Lebenssinn darin finden, anderen Menschen zu helfen, werden wir damit zu Signalen: Wir kommunizieren durch das, *wer wir sind* und *was wir tun*.

Letztendlich ist unsere ganze Sinnsuche ein Spiel und das bedeutungsvollste Spiel von allen ist das, welches wir selbst aufführen, hier, auf diesen Brettern, die die Welt bedeuten. Wer führt da Regie? Und wer hat dafür das Drehbuch geschrieben? Beides selbst in die Hand zu nehmen, ist die größte künstlerische Aufgabe, die sich ein Mensch stellen kann. Wem das gelingt, der ist kein Medienzombie mehr und taugt auch nicht mehr als Stimmvieh für die Massenorganisationen, sondern ist zum souveränen Spieler und Mitspieler geworden in dieser Tragikomödie, die wir zwischen Geburt und Tod da aufführen und die wir unser Leben nennen.

4

Wie innen, so außen

Innen- und Außenwelt entsprechen einander

Sabine will am Sonntag Kuchen backen, hat aber keine Eier da hat. Vielleicht könnte sie sich bei der Nachbarin welche leihen, denkt sie. Aber ... würde die überhaupt welche hergeben, diese Zicke? Wo die doch immer so geizig ist. Andererseits wäre es schön, jetzt einen Kuchen backen zu können. Hin und her tobt der Konflikt in der armen Sabine, bis sie schließlich zur Nachbarin hinüberrennt, dort stürmisch klingelt und die verdutzte Frau anschnauzt: »Ach behalten Sie Ihre Eier doch für sich!«

So ähnlich begann auch der zweite Irakkrieg. Der nach seinem Alkoholmissbrauch zu Gott bekehrte George W. Bush ließ dieses Land bombardieren, weil er in ihm ein Kernland der »Achse des Bösen« (*axis of evil*) sah, die am 11. September 2001 die USA angegriffen habe, was er nun rächen müsse. Es war Bushs innerer Kampf. Bis zum Einmarsch der »Koalition der Willigen« hatte es im Irak aber keine einzige Zelle der Al Quaida gegeben. Bush hatte sich geirrt. Er hatte das Innere mit dem Äußeren verwechselt, und da er so mächtig ist, konnte er einen großen Teil der Welt davon überzeugen, dass seine inneren Kämpfe in der Außenwelt eine Entsprechung haben – und schaffte es dann tatsächlich, sie dort zu inszenieren, unter unsäglichem Leid so vieler. Heute ist der ganze Irak von Al Quaida Zellen durchsetzt.

Wie oben, so unten, wie innen, so außen

Von Hermes Trismegistos, der in der ägyptischen Mythologie als Thot, der Gott der Schrift und Gelehrsamkeit bekannt war, ist der Spruch überliefert »Wie oben so unten, wie innen so außen«. Innenwelt und Außenwelt, Mikro- und Makrokosmos gehören zusammen. Eine Entsprechung dieser Weisheit finden wir in der modernen Psychologie in den Begriffen von Projektion und Introjektion: In der Projektion werfen wir Bilder der Seele nach außen, finden dort also Gestalten vor, die aus unserem Inneren stammen. Umgekehrt wird in der Introjektion Äußeres in die Innenwelt übernommen, was ja im weiteren Sinne bereits unser Gedächtnis tut.

Der deutsche Mystiker Meister Eckart (1260-1327) ging noch einen Schritt weiter: Wenn die Seele etwas erkennen will, schreibt er, wirft sie ein Bild von sich nach außen und tritt dann in ihr eigenes Bild ein. Auch das »positive Denken« und die modernen Motivationstrainings machen sich solche Entsprechungen zunutze: Wenn wir im positiven Denken Erfolge vorausnehmen und so aussprechen, als seien sie schon da oder als sei der Erfolg so gut wie sicher, dann fördern wir damit seine Verwirklichung. Auch die »sich selbst erfüllende Prophezeiung« ist eine solche Verwirklichung der Innenwelt in der Außenwelt: Ich glaube, dass es kommt, also kommt es, und zwar genau deshalb, weil ich es glaube.

Die Politik ist voller Beispiele für Innen-/Außen-Entsprechungen, etwa dann, wenn soziale Minderheiten von Menschen terrorisiert werden, die sich selbst nicht wertschätzen und ihre eigene Entwürdigung (durch sich selbst und/oder andere) nach außen projizieren und dort in Ersatzhandlungen andere demütigen. Ein in sich selbst unsicherer Mensch, der ins Rampenlicht oder in eine einflussreiche Stellung gerät, kann zum Tyrannen werden, der Andersdenkende vernichtet, weil er sich von ihnen existentiell bedroht fühlt. Es gibt unzählige Beispiele dafür, Lloyd de Maude etwa hat einige davon in seinen Arbeiten zur »Psychopolitik« zusammengetragen.

Wie wir konditioniert wurden, so verhalten wir uns, im Privaten wie im Politischen

Kein Zweifel: Außen- und Innenwelt kommunizieren miteinander. Wie sie das im Einzelnen tun, das allerdings ist schon schwieriger zu beantworten. Dass unser Wahrnehmungsapparat Bilder der (vermeintlichen) Außenwelt nach innen nimmt und umgekehrt Erwartungen nach außen wirft, das ist ja längst noch nicht alles.

Die inneren Stimmen

Wenn wir uns mit Freunden austauschen, in der Familie oder am Arbeitsplatz miteinander sprechen, wenn wir lesen oder schreiben, kommunizieren wir mit der Außenwelt. Stundenlang haben wir das Radio angeschaltet oder auch den Fernseher, den meisten Teil unseres wachen Lebens sind wir in irgendeinem Kommunikationsvorgang, auch wenn uns das meist nur teilweise bewusst ist. Und während wir anscheinend schweigen, nicht lesen und niemandem zuhören, geht die Kommunikation dennoch weiter: im Inneren. Da sprechen die inneren Teile von mir miteinander. Vor wichtigen Entscheidungen führen sie miteinander einen Dialog, meist pro und contra irgendeiner

Verhaltensoption, manchmal streiten sie. Sie können einander anklagen, Vorwürfe machen, sich beschimpfen und finden dann eine Einigung – oder auch nicht. Solche Dialoge und inneren Auseinandersetzungen können sich bis in die Träume der Nacht hinziehen und tagelang andauern, bei tiefen Konflikten über Jahre. Warum habe ich damals diesen Job nicht angenommen, die Firma ist jetzt so groß rausgekommen! Hätten wir wirklich heiraten sollen, es war doch auch ohne Trauschein ganz gut?! Ach, hätte ich doch damals das Kind nicht abgetrieben, jetzt bin ich fast zu alt für ein Kind … Solche inneren Dialoge sind oft mit Reue und Selbstvorwürfen verbunden. Es können dabei aber auch wertvolle neue Ideen entstehen, die einen ermutigen, Hoffnung machen und dann zu Taten führen. Wie es ausgeht, hängt wesentlich von der Qualität dieser Kommunikation ab. Wenn man den inneren Stimmen nicht richtig zuhört und sich unter Druck für etwas entscheidet, indem man die anderen überredet, anstatt sie zu überzeugen, dann kann es sein, dass die so Unterdrückten weiterhin keine Ruhe geben und nerven – ganz ähnlich wie bei Kontrahenten in der Außenwelt.

Mancher hält in sich einen ganzen Stausee an zu Kommunizierendem gefangen

In extremeren Fällen sind wir nicht nur bezüglich einer Entscheidung gespalten, sondern unsere ganze Persönlichkeit ist gespalten. Dann will das eine Ich in die eine Richtung, das andere in die andere. Psychiater nennen das Schizophrenie. Ein Extremfall dieser Art ist das AHS (»Alien Hand Syndrome«): Da tut die eine Hand eigenmächtig etwas, das die andere (mit der »der Täter« sich identifiziert), nicht will. Der deutsche Neurologe Kurt Goldstein berichtete schon 1908 von einem Fall, wo eine seiner Patientinnen sich über ihre ihrer Meinung nach »besessene linke Hand« beklagte. Einmal griff diese sogar nach ihrem Genick und versuchte sie zu erwürgen, berichtete er, nur mit der Kraft eines von außen eingreifenden Helfers konnte sie davon abgehalten werden. Die Persönlichkeitsspaltungen von »uns Normalen« sind nicht so schlimm wie bei dieser Patientin, aber auch wir haben eine ganze Menge damit zu tun, unsere inneren Anteile unter einen Hut zu bringen. Und dazu müssen wir sie miteinander kommunizieren lassen.

Umgang mit den inneren Persönlichkeiten

Sogar Persönlichkeiten mit spezifischen Charakterzügen gibt es in der Innenwelt, nicht viel anders als in der Außenwelt. Der »innere Kritiker« ist eine solche. Er nörgelt ständig an mir rum, nie kann ich es ihm recht machen. Andererseits weist er mich auch auf Schwächen und Risiken hin und kann mich vor Größenwahn bewahren. Zu versuchen, ihn mundtot zu machen, ist keine gute Strategie, ihm einfach zu folgen natürlich auch nicht. Ähnlich ist es mit dem »inneren Kind«, das für die Kreativität wichtig ist und für das persönliche Glück: Es will spielen und Neues entdecken und kann beleidigt sein, wenn es das nicht darf.

C. G. Jung sprach von einer »Anima«, einer weiblichen Seele im Mann und einem »Animus«, einer männlichen Seele in der Frau. Wer diesen inneren Anteilen zuhört und sie ernst nimmt, sie respektiert und mit ihnen Frieden schließt, der kommt in der Regel auch in der Außenwelt mit dem anderen Geschlecht gut aus. Außerdem fand Jung vier Grundfunktionen der Seele: Intellekt und Gefühl, Sinnlichkeit und Intuition, von denen sich jeweils zwei gegenüberstehen. Wenn etwa der Intellekt extravertiert ist, dann ist nach der Jungschen Lehre das Gefühl introvertiert; so ein Mensch kann in sich eine sentimentale Persönlichkeit verborgen haben, weil der Intellekt als Gegenspieler die Gefühle unterdrückt und außen kaum zur Geltung kommen lässt.

Auch andere Philosophien bieten Systematiken der inneren und äußeren Persönlichkeiten an, zum Teil aus uralten Quellen. Darunter das Enneagramm mit seinen neun Typen, das auf Sufi-Traditionen zurückgehen soll; das Medizinrad der nordamerikanischen Indianer; die aus dem Zweistromland stammende westliche Astrologie mit ihren zwölf Grundtypen; die indische Astrologie; der vermutlich aus Ägypten stammende Tarot und viele weitere. Ob diese Typisierungen sich empirisch-psychologisch erhärten lassen wird fast immer sehr kontrovers diskutiert. Sie alle bieten jedoch Identifikationen mit Persönlichkeitstypen an und Systematiken der innen/außen Entsprechung.

Geisterfahrer

Winfried und Helga fahren auf der Autobahn von Nürnberg nach Würzburg, da kommt im Radio die Meldung: »Achtung! Auf der Strecke zwischen Nürnberg und Würzburg ist ein Geisterfahrer unterwegs!« Winfried zu Helga: »Was heißt da einer? Viele!«

So ähnlich geht es uns manchmal in der zwischenmenschlichen Kommunikation: Geisterfahrer ist immer der andere, der sich nicht in mein bzw. unser Weltbild fügt. Wer jeweils Geisterfahrer – das heißt: der Außenseiter einer Kommunikationsgemeinschaft – ist, bestimmt die machthabende Mehrheit. So jedenfalls beschreiben Konstruktivisten diese Art von Konflikt. Die Welt gibt es nicht »wirklich«, nicht objektiv, sondern sie ist unsere Konstruktion, sagen sie. Wir nehmen sie nicht wahr, sondern produzieren sie erst. Wir »projizieren« sie nach außen, auf eine imaginäre Leinwand. Unser Verstand ist der Schöpfer unserer jeweiligen Außenwelt. Die »objektive« Außenwelt ist nichts als das, was die von den Teilnehmern einer Kommunikationsgemeinschaft nach außen projizierten subjektiven Welten gemeinsam haben.

Wir sehen von der Welt nur einen Teil und halten diesen für das Ganze

Marie fährt eine Einbahnstraße entlang in die falsche Richtung. Die Polizei hält sie an und fragt spöttisch: »Na, wo fahren Sie denn hin?« – »Ich weiß nicht, aber ... es muss etwas ganz Schreckliches dort sein, denn, sehen Sie: Die kommen alle wieder zurück!« Wenn die Staatsmacht eine Straße als Einbahnstraße definiert hat, dann hat der Einzelne mit seinem vielleicht etwas anderen Weltbild dort keine Chance mehr. Wenn du glaubst, dass das, was andere für eine Einbahnstraße halten, die Zufahrt zu einem schrecklichen Ort ist, von dem dann alle wieder zurückkehren, dann kannst du dich damit nicht durchsetzen. Philosophisch betrachtet sind wir alle Geisterfahrer, jeder in seiner eigenen Welt; aber es hilft dabei, zu wissen, in welcher Welt sich die Mehrheit unserer Kommunikationsgemeinschaft bewegt.

Der griechische Philosoph Platon schrieb, wir würden von der Welt nur die Schatten der Gestalten sehen, die das Feuer in einer Höhle auf die Höhlenwand wirft; die Gestalten selbst und das Feuer sehen wir nicht. So könnten wir das Wesen der Dinge nur erraten oder mit unserem Geist erkennen, meinte er. Lange Zeit war Platons Höhlengleichnis in Europa das philosophische Paradigma von der Wahrnehmung der Welt. Heute gilt eher das konstruktivistische Weltbild: Wir sind Geisterfahrer – und hoffen, dass uns nicht allzu viele andere entgegenkommen!

Aber auch der Konstruktivismus hat Schwächen Er neigt dazu, das Kreative, Selbsterschaffene an unseren Weltbildern zu sehr zu betonen. Für den normalen Alltagsgebrauch gibt es den Unterschied zwischen dem bloß Eingebildeten und dem tatsächlich Wahrgenommenen durchaus. So wie ja auch die klassische Newtonsche Physik für das Verständnis unserer physikalischen Umwelt recht gut ausreicht; die Einsteinsche Relativitätstheorie brauchen wir nur für die Grenzfälle, das ganz Große und das ganz Kleine.

5

Bewusstsein befreit

Wahrhaftig, achtsam und schöpferisch sein

Nur zu gerne wiegen wir uns in dem Glauben, zu verstehen und verstanden zu werden und träumen, dass Kommunikation gelingt. Zu erkennen, dass sie misslingt und dass wir die Welt nicht wirklich verstehen, täte so weh, dass wir uns um diese Tatsache gerne durch allerlei Tricks herumdrücken. Einer dieser Tricks ist die Praxis einer Kommunikation, die so lange Unwahres wiederholt, bis es allen als wahr erscheint und durch solchen vielfachen Glauben Tatsachen schafft, die manchmal kaum mehr zu beheben sind. So beschreibt Andersen in seinem Märchen »Des Kaisers neue Kleider« einen Hofstaat, dem es gelingt, die Illusion aufrechtzuerhalten, der Kaiser sei wohl gekleidet, bis ein kleines Kind ruft: »Aber er hat ja gar nichts an!« Auch der Klatsch und

Tratsch, der einen Großteil unserer sozialen Kommunikation ausmacht, funktioniert so: Unwahres wird durch vielfache Wiederholung zu vermeintlich Wahrem und Unwesentliches zu Bedeutsamem aufgebläht. Solche Heuchelei aber nützt letztlich keinem (auch dem Kaiser nicht); sie hält alle, die dabei mitmachen, in der Illusion gefangen.

Ist Wahrhaftigkeit der Ausweg? Nicht zu lügen, auch sich selbst nicht zu belügen, ist eine gute Strategie dafür, aber noch kein ausreichend wirksames Mittel für die Durchführung. Wer sich wohlmeinend bemüht, nicht zu lügen, dabei aber sich selbst nur wenig kennt, achtet und beachtet, dass er nicht weiß, was er tut, verdrängt weiterhin, lebt also in einer Beinahe-Lüge. Erst eine weit reichende Achtsamkeit beleuchtet auch die Schattenbereiche und die blinden Flecken des eigenen Tuns. Im Panzer spüren wir nicht, wenn wir einen Fußgänger überrollen – das Fahrzeug ruckelt dabei kaum. Erst ohne Panzer, offen, empfindlich, verletzlich, können wir die Welt spüren und wahrnehmen, was unser Tun bewirkt.

Basistraining Achtsamkeit

Deshalb ist Achtsamkeit eine Voraussetzung für jede Kommunikation und jede ethische Regel, das wusste schon Gautama Buddha (564-484 v.u.Z.) im alten Indien und pries die vier grundlegenden Arten der Achtsamkeit: Wenn du gehst, wisse, dass du gehst; wenn du stehst, wisse, dass du stehst; wenn du sitzt, wisse, dass du sitzt; wenn du liegst, wisse, dass du liegst. Das klingt ganz einfach, ist es aber doch nicht. Selbst diese grobe Form der Achtsamkeit fällt uns oft schwer.

Unsere heutige Kommunikationsgesellschaft stellt höhere Anforderungen an die Achtsamkeit als die Zeit des Buddha, dennoch gelten diese

Regeln für uns sinngemäß genauso. Im Bereich der verbalen Sprache könnten sie zum Beispiel lauten: Wenn du zuhörst, wisse, dass du zuhörst; wenn du sprichst, wisse, dass du sprichst; wenn du schreibst, wisse, dass du schreibst; wenn du liest, wisse, dass du liest – jetzt zum Beispiel liest du gerade diesen Satz. Zuhören und sprechen, lesen und schreiben, ich nenne dies die vier Achtsamkeiten des *homo communicans verbalis*. Es scheint so einfach, fast zu simpel, aber wer auf diese Weise achtsam sein kann, hat sehr viel gewonnen. Solch ein Mensch ist für politische und religiöse Verführer kaum mehr zu gebrauchen, und auch ein Verkäufer von Unnützem oder Unerfreulichem tut sich mit solchen Menschen schwer.

Während ich dies schreibe, sitze ich im Café eines Hotels an der kroatischen Adriaküste und höre aus dem Lautsprecher zuerst die Rolling Stones, dann eine italienische Schnulze. Die Menschen hier hören diese Musik und sprechen miteinander, aber sie scheinen das alles nicht wahrzunehmen, was da auf sie eindringt. Die Gestik des Kellners, die Spielbewegungen des Kindes da vorne am Tisch, die Worte, die sich die Urlaubsgäste zurufen, es ist ein komplexes

Feld einander überlagernder Botschaften – wie überall. Wir wissen aber kaum, was das mit uns macht. Wer kann in einem solchen Feld schon souverän agieren? Wir ahnen die Komplexität und manipulierende Kraft eines solchen Feldes vielleicht erst, wenn wir eine Zeit lang in der Stille gelebt haben. Wenn wir nach Tagen oder Wochen der Ruhe wieder in den Lärm des alltäglichen Lebens zurückkehren, werden uns sowohl das Ausmaß der Sintflut, der wir kommunikativ ausgesetzt sind, als auch die Missverständnisse und das Aneinander-vorbei-Kommunizieren erst richtig bewusst.

Sprache kann aufwecken. Meist aber lullt sie eher ein

Normalerweise glauben wir ja, dass wir beim Sprechen quasi magisch unsere Gedanken auf die Angesprochenen übertragen. Gelingt das nicht und werden wir dessen gewahr, sind wir enttäuscht, wütend oder traurig. In Wirklichkeit ist es *immer* so, dass der Empfänger sich bei den gesprochenen Worten etwas anderes denkt als der Sprecher. Solange die Unterschiede jedoch klein genug sind oder wenn sie verdrängt, übersehen oder vernachlässigt werden können, entsteht beim Zuhörer das Gefühl zu verstehen und beim Sprecher das Gefühl, verstanden worden zu sein.

Dabei erkennen wir bei anderen meist viel leichter als bei uns selbst, ob wir gerade sprechen, zuhören, lesen oder schreiben. So wie die vier Mönche, die ein einwöchiges Schweigen vereinbart hatten. Am dritten Tag erschrak einer der vier, als er hörte, wie draußen vor dem Meditationsraum die Hühner von einem Hund gejagt wurden. »Oh, wir haben vergessen, die Hühner einzusperren!«, rief er. »Du hast etwas gesagt«, platzte daraufhin der zweite los, »wir haben doch ausgemacht, eine Woche lang zu schweigen!« Daraufhin der Dritte zum Zweiten: »Nun hast auch du gesprochen«, und schließlich der Vierte: »Ich bin der einzige hier, der noch nicht gesprochen hat«.

Ebenenwechsel bringt die Lösung

Probleme sind nie auf der Ebene zu lösen, auf der sie entstanden sind, sagte Einstein. Zum Beispiel kann in einem Beziehungskonflikt zwischen Mann und Frau oder Eltern und Kind ein Wechsel auf eine neue Denk- oder Verständnis-Ebene die Lösung bringen: Von dort aus gesehen sind die beiden Kontrahenten eine (wenn auch ineinander verstrickte) Einheit. Man kann nun die Situation von außen betrachten und über die inneren Probleme dieser Einheit sprechen und so eine Lösung finden. Ebenso in der Politik: Nur eine Betrachtung der Region als Ganzes kann den Nahostkonflikt lösen. Dazu muss der Geist der mit einer der Parteien Verhafteten sich auf eine umfassendere Ebene schwingen. Der Sprung auf eine transnationale Ebene hätte wahrscheinlich auch den USA im Falle des 11. Septembers geholfen, einen friedlicheren Weg zu finden. Bei all diesen Problemen ist die Loslösung von einer alten Identität die Voraussetzung für eine Lösung des Konflikts.

Nach meinem Verständnis ist es unser »Geist«, der uns diesen Ebenenwechsel ermöglicht. Ich meine damit jedoch nicht eine Flexibilität im Wechsel der Position innerhalb der Ebene – das wäre Untreue, Beliebigkeit oder ein Mangel an Stehvermögen, an Rückgrat – sondern die Fähigkeit, die Ebene des eigenen Standpunktes zu verlassen und ihn von außen zu betrachten. Diese Art von Geist ist die Voraussetzung für Kreativität (das Finden neuer Lösungen) und Humor (die Fähigkeit, über sich selbst lachen zu können).

Regie führen lernen: die Inszenierungen

Warum gibt es bei den Katholiken weniger Kirchenaustritte als bei den Protestanten, obwohl doch der Katholizismus so viel unzeitgemäßer und rigider ist als das reformierte Christentum? Warum hat unter den drei großen buddhistischen Richtungen in Deutschland die tibetische den weitaus größten Zulauf, obwohl doch Zen essentieller ist und Theravada ursprünglicher? Der Grund ist, dass die einen besser inszenieren als die anderen. Inszenierungen vermitteln sich durch die Sprache der Zeichen. Offensichtlich lieben es die meisten Menschen immer noch eher farbenprächtig und glanzvoll. Ob eine Religion zeitgemäß oder essentiell ist, spielt gegenüber der Qualität ihrer Inszenierung eine vergleichsweise geringe Rolle. Die Inszenierung ist das Entscheidende, und sie ist eigentlich keine religiöse Qualität, sondern eine theatralische.

Sieht man Religion und Politik mit den Augen eines Theaterkritikers, versteht man viel besser, warum manches die Menschen derart fasziniert und anderes nicht, so inhaltlich wertvoll es auch sein mag. Religion und Politik sind vor allem ein Schauspiel, mit dem Macht ausgeübt wird. Hinter den Wolken gibt es keinen allmächtigen Gottvater mit langem Bart und auch die Mächte des Diesseits, die Politiker und Wirtschaftsbosse können ihr Spiel auf der Bühne – heute vor allem der Bühne des Fernsehens – nur so lange aufführen, wie das zuschauende Volk ihnen glaubt und applaudiert. Die Theaterwissenschaft könnte sich insofern zur Grundlage der Geisteswissenschaften mausern. Wer steht wann im Rampenlicht? Wer ist der Held oder Antiheld und wer der Widersacher? Was sind die Kulissen und Requisiten der Macht? Was ist der Plot, und mit welchen dramatischen Mitteln wird er auf die Spitze getrieben, zum Höhepunkt und Happy (oder Tragic) End?

Die Kulisse einer alten Kirche, das Ritual einer katholischen Messe, begleitet von Orgel, Chorgesang, vielleicht einem gregorianischen Choral, all das inszeniert Religion auf eine Weise, der sich selbst Atheisten kaum entziehen können. Ebenso die Rituale des tibetischen Buddhismus mit ihren Rezitationen und ihrem Singsang – was für eine wundervolle Trance-Induktion! In der Politik der Demokratien sind es die Wahlkämpfe und in den Diktaturen die Massenaufmärsche – auf die Inszenierung kommt es an.

Auch die diversen Kulturen des Heilens kann man nach ihrer Theatralik beurteilen, von den Auftritten der Schamanen und Voodoo-Priester bis hin zu den heutigen Arztpraxen, dem Bühnenaufbau im OP und den Ritualen der Chefvisite im Krankenhaus: Ein großer Teil der Wirkung aller dieser Medizinmänner und -frauen besteht in ihrer Inszenierung. Das ist auch der Grund, warum Placebos wirken.

Sie gelten zwar als »unechte« Medikamente, bewirken aber doch immerhin 70 Prozent von dem, was die so genannten echten Medikamente bewirken, wie Untersuchungen ergeben haben. Die Farbe und Form der Pille und die Umstände der Verabreichung sind dabei entscheidend – die Inszenierung. 70 Prozent der Wirkung wird also von der Inszenierung verursacht, nur 30 Prozent von dem pharmazeutischen Mittel, also dem »Wirkstoff« im schulmedizinischen Sinne.

Auch bei den heutigen Satsang-Veranstaltungen, einer modernen Art des spirituellen Unterrichts, ist die Inszenierung das Entscheidende. Einige Satsanglehrer haben damit experimentiert: Sie haben ihren exponierten Platz im Raum – meist ein etwas erhöhter und geschmückter Stuhl – verlassen und die Besucher des Satsangs aufgefordert, diesen Platz einzunehmen, um zu »fühlen« wie das ist und von dort aus »Satsang zu geben«. Und das gelingt! Denn was dabei Satsang gibt, ist weniger die Person als der Ort. Ein Kerngedanke des Satsang ist, dass die Persönlichkeit eine Fiktion ist. Die Person, die den Satsang anleitet, tritt also als jemand auf, der seine eigene Unpersönlichkeit erkannt hat. Er tritt als Inszenierungskünstler auf, als jemand, der um die Magie des Raums weiß und wie man ihn nutzt, um »Satsang zu geben«. So wie ein Theaterregisseur die Bühne, die Kulissen, die Auftritte seiner Schauspieler nutzt, um beim Besucher die gewünschten Effekte zu erzielen – die Läuterung des Publikums (griech. »Katharsis«), gemäß der antiken Uridee des Theaters.

Ganz ähnlich macht das auch das Jojo-Ritual der tantrischen Komaja-Kirche, in der ein Einzelner hervortritt und dann als Gott geehrt wird, mit Blumenkranz, huldigenden Liedern und der Verbeugung der Anwesenden vor seiner Göttlichkeit. Satsang und Komaja sind Ausdruck eines Zeitgeistes, der die Strukturen der Religionen transparent werden lässt und den Einzelnen religiös autorisiert, »aus seiner selbst verschuldeten Unmündigkeit« auszusteigen. Auch Religion wird von Menschen erschaffen, nicht von Gott. Sie wird inszeniert.

Im Bewusstsein dieser magischen Effekte könnten Kunst, Politik, Religion und Heilkunst zu einem Gesamtkunstwerk fusionieren, das die Oper des 19. Jahrhunderts weit in den Schatten stellen würde. Grundvoraussetzungen dafür wären Wahrhaftigkeit und Achtsamkeit, dann erst ein Studium der einzelnen Künste. Bewusstsein, Einsicht und Achtsamkeit sind die Mittel, die uns aus der Unmündigkeit befreien können. Sie wären bei solchen Inszenierungen die Voraussetzung für echte Kompetenz.

6

Liebe und Meditation

Auf diesen zwei Flügeln kann der Vogel der Verständigung abheben

In der Liebe wirken die Zauberkräfte der Sprache mächtiger als irgendwo sonst, jedenfalls was die positiven Kräfte anbelangt. Erotik ist ein Dialog, eine kommunikative Interaktion, die über alle Sinne gehen kann und die den Empfänger der Signale meist in eine angenehme Trance versetzt mit eingeschränkter Wahrnehmung: eingeschränkt auf das Objekt des Begehrens, mit verringertem Schmerzempfinden und optimistischer Grundstimmung. Macht Liebe blind? Sie macht sehend, was die positiven Eigenschaften des Objektes anbelangt, aber gegenüber seinen Schattenseiten, den Risiken und der Gefahr, aus diesem Hoch wieder abzustürzen, macht sie oft blind.

Immer ist Liebe Kommunikation. Deshalb ist »Du verstehst mich nicht!« die statistisch häufigste Klage zwischen zerstrittenen oder sich trennenden Paaren. Es macht also Sinn, die Kommunikation zu untersuchen, um unsere Liebesbeziehungen zu heilen. Viele Ratgeber tun das bereits, deshalb möchte ich hier nicht so sehr auf die Kommunikation in erotischen Beziehungen oder in den ebenso wichtigen Eltern-Kind-Beziehungen eingehen, sondern die Aufmerksamkeit auf eine dritte Art von Liebes-Beziehung lenken, die ebenso sehr einer liebevollen und verständnisvollen Kommunikation bedarf: die Lehrer-Schüler-Beziehung. Diese Art der Liebe war über Jahrtausende die Grundlage der menschlichen Kultur.

Liebend lernt sich's leichter

Bevor die Schrift erfunden wurde, das heißt die längste Zeit der menschlichen Geschichte, wurde Wissen von Generation zu Generation nur mündlich weitergegeben. Deshalb ist das Gespür für diese Art der Wissensvermittlung noch tief in uns verankert. Die Gefühle, die uns bestimmen, verändern sich eben langsamer als die technische Entwicklung. Dazu gehört, dass wir das, was wir lernen, von einem lebenden Menschen erhalten wollen, in seiner Gegenwart, aus seinem Mund.

Vor der Erfindung der Schrift war die einzige Möglichkeit, etwas zu lernen, indem wir anderen zuschauten – wie sie Feuer machten, jagten oder ein Rad bauten und so Lasten fortbewegten. Wer darüber hinaus etwas lernen wollte, brauchte einen Lehrer, der bereit war, etwas weiterzugeben. Diesem Lehrer hörten wir zu und gehorchten ihm – »hören« und »gehorchen« hängen von der Wortwurzel her eng zusammen. Beides verlangt Hingabe.

Wie diese Wissens-Übertragung im Einzelnen geschah, ist für uns heute kaum mehr vorstellbar. Von Ananda, einem Schüler Buddhas, wissen wir, dass er die Lehrreden seines Meisters wortwörtlich wiedergeben konnte, auch noch Jahre, nachdem sie gesprochen wurden, Hunderte von ihnen. Er erzählte sie, wie er sie gehört hatte. Andere hörten ihm zu und gaben sie wiederum weiter, etwa 300 Jahre lang. Erst dann wurden sie im Pali-Kanon aufgeschrieben, den Historiker heute trotz dieser 300 Jahre für eine so gut wie unverfälschte, wörtliche Wiedergabe der Reden Buddhas halten. Was für eine Liebe muss da zwischen Lehrer und Schüler bestanden haben und was für eine Genauigkeit im Zuhören, dass so übertragen werden konnte! Wer das Wissen hatte, musste sich genau aussuchen, wem er es anvertraute, und die Zuhörenden mussten wissbegierig, offen und empfänglich sein für *alles*, was da gesagt wurde.

Die Erinnerung an diese Art des Lernens steckt uns noch in den Genen. Auch heute noch sind mehr als 860 Millionen Erwachsene auf der Welt Analphabeten. Ihre Wissensquelle ist vor allem das Hören. Die meisten von ihnen leben allerdings in Armut und werden darüber hinaus durch Radio und Fernsehen mit Informationen bombardiert – es wäre ein Wunder, wenn sie so genau und liebevoll zuhören könnten wie die Kultur übertragende Elite unserer Vorfahren.

Noch viel mehr als bei der Wissensvermittlung zählt bei der Weisheitsvermittlung, ob Lehrer und Schüler sich lieben, denn Weisheit lässt sich nicht durch Imitation erlernen. Die traditionellen spirituellen Wege gründen sich deshalb ausnahmslos auf die direkte Beziehung zwischen Lehrer und Schüler. Die Roshis von Japan und Rinpoches von Tibet beanspruchen alle, ihre Weisheit in direkter, ununterbrochener Linie über 2.500 Jahre von Gautama Buddha erhalten zu haben. Eine solche Übertragung kann nur innerhalb einer Liebesbeziehung funktionieren: Der Schüler gibt sich dem formenden Einfluss des Lehrers vorbehaltlos hin, und der Lehrer hält kein Wissen und keine Weisheit zurück.

Bücher gibt es erst seit ein paar hundert Jahren und bis auf die letzten hundert Jahre auch nur für eine kleine Minderheit. Das world-wide-web gibt es noch keine 15 Jahre, und auch bisher nur für eine Minderheit. Was uns am meisten prägt, wird auch heute noch überwiegend von Eltern an ihre Kinder und von Lehrer zu Schüler in direkter, körperlicher Nähe weitergegeben.

Wenn diese Beziehung im Einzelfall eine erotische Komponente hat, kann auch das dem Lernen förderlich sein: Wenn wir in unsere Lehrerin vernarrt sind, dann lernen wir einfach besser. Und sie lehrt die besser, die sie liebt. Sowohl reines Wissen als auch tiefe, mich ganz persönlich betreffende Weisheiten nehme ich am ehesten von einem Menschen an, den ich liebe. Menschen, die ich nicht mag oder die mich nicht mögen, traue ich nicht zu, dass sie mir das vermitteln, was ich wirklich brauche. Hierbei geht es nicht um sexuelle Liebe, sondern um etwas ganz anderes: den »pädagogischen Eros«.

Allerdings kann auch eine sexuell orientierte Liebe helfen. Wer sich einmal in einen Menschen verliebt hat, dessen Sprache er nicht sprach und die er zu lernen begann, weiß, wie eng Liebe und Lernfähigkeit zusammen hängen.

Das Charisma des Traumpartners

Die pädagogische Liebe und die sexuell orientierte Liebe sind sich auch in ihren Fallen und Illusionen ähnlich. In beiden Fällen gibt es das romantische Ideal des Traumpartners: Da erkennen sich beide Seiten auf Anhieb als füreinander geschaffen und bleiben dann ein Leben oder einen Lebensabschnitt lang zusammen. Dieses Modell der charismatischen Kommunikation und Verzückung ist in Bezug auf spirituelle Lehrer oder Weisheitslehrer weit verbreitet. Das ach so aufgeklärte, postrevolutionäre Europa hat in der Lehrer-Schüler-Beziehung gegenüber solch einer Fixierung auf einen Traumpartner große Vorbehalte. Im traditionellen Indien mit seinem Prinzip der Hingabe an den Guru sieht man das viel gelassener. »Guru« heißt in Indien schlicht »Lehrer«. Ähnlich im klassischen Griechenland, das wir heute noch gerne als die Wurzel unserer Kultur preisen: Dort liebten die Schüler ihre Lehrer Sokrates,

Pythagoras oder Heraklit mehr als die eigene Frau, ohne dass jemand Anstoß daran nahm – von den Männern, die Frauen haben uns leider keine Aufzeichnungen hinterlassen.

Warum sollte die Fixierung auf einen Guru schlimmer sein als die auf einen Lebens- oder Liebespartner, mit dem man Kinder aufziehen will? Es gibt keinen vernünftigen Grund, die eine Bindung für irrationaler oder gefährlicher zu halten als die andere. Gefährlich sind sie beide, aber so ist es halt, das Leben: wild und gefährlich. Trotz aller anders lautenden Aufrufe (»Du hast nichts zu verlieren als deinen Kopf«) kann und sollte man sowohl bei der Wahl des Liebespartners als auch bei der des spirituellen Lehrers nicht auf den Verstand verzichten. Wozu haben wir ihn denn? Wäre doch zu dumm, diese wunderbare Fähigkeit nicht anzuwenden, gerade wenn es um die großen Lebensentscheidungen geht.

Das Verständnis des Kommunikationsvorgangs der gegenseitigen Faszination hilft auch hier, den Kopf mit dem Herzen zu integrieren, das heißt: einen kühlen Kopf und ein leidenschaftliches Herz miteinander zu vereinbaren. Und wie schafft man das in der Praxis? Indem man, während das Herz zum Geliebten hinüber fliegt, achtsam in sich selbst verankert bleibt. Dann vergessen wir nicht, dass jedes Signal – bei allem, was es gerade so emphatisch übertragen mag – lediglich eine Sinneswahrnehmung ist. Auch der hinreißendste Jubel ist nur ein Geräusch, auch das bezauberndste Lächeln ist nur eine Bewegung.

Stille – die Kunst des Weglassens

Das Lächeln und der Jubel sind Signale einer liebevollen Kommunikation. Wie jedes Signal haben sie eine Form, eine Gestalt, und diese erkennen wir nur, wenn sie mit einem Hintergrund kontrastiert. Einen Ton erkennen wir nur, wenn er einen Anfang und ein Ende hat, wir erkennen sein Einsetzen und sein Ausbleiben. Ein Duft oder Gestank wird uns nur dann bewusst, wenn es nicht überall in derselben Weise stinkt oder duftet. Welches Signal auch immer wir sinnlich wahrnehmen, wir erkennen es nur im Kontrast zu seinem Fehlen. Um erkannt werden zu können, braucht jedes Signal zeitliche oder räumliche Grenzen.

Deshalb sind die Pausen zwischen den Tönen so wichtig für die Musik. Das Wegbleiben von Farbe auf einem Bild gibt einer Figur erst ihre Gestalt. Zwischen zwei Worten gibt es immer eine Lücke, ebenso zwischen zwei Buchstaben, sogar mitten im »o« von »Wort« ist eine Lücke! Auch auf dieser mit Schrift gefüllten Buchseite ist mehr leere, weiße Fläche als schwarze Buchstaben.

So kann es einem auch im Gespräch gehen: Wie wohltuend, wenn einmal Stille eintritt.

Pausen im Gespräch empfinden viele als peinlich; für mich sind sie Erholung, geradezu Bedürfnis.

In einer Welt, in der wir mit visuellen und akustischen, verbalen und nonverbalen Informationen bis zum Überdruss überhäuft werden, tut es gut, Oasen der Stille vorzufinden. Unser modernes Leben ist von Kopf bis Fuß auf Kommunikation eingestellt: Botschaften senden, Botschaften empfangen, überall geht's rund. Auch die Jäger und Sammler der frühen Kulturen mussten permanent wachsam sein und auf Signale achten, aber damals ging es um eine Drehung des Windes und den Ruf des Eichelhähers. Damals gab es noch keine Bildzeitung, und es lief nicht wie heute sieben Stunden am Tag der Fernseher oder das Radio. Es wird wohl etwas ruhiger gewesen sein im Kopf eines Steinzeitmenschen.

Damals hatten wir zu wenig Informationen – wo das Mammut graste, wie man durch den Winter kommt oder wie Krankheiten entstehen – deshalb wurden nicht viele von uns über 30 Jahre alt. Heute werden wir überschwemmt mit Informationen und wissen nicht, wie wir diese Menge filtern sollen. So wie wir die

Umwelt mit unserem Abfall zumüllen, so müllen wir uns die Köpfe mit unnützen Informationen zu. Unsere Mailboxen sind voller Spam, die Briefkästen voll unerwünschter Papier-Werbung. Die öffentlichen Flächen in den Städten sind voller Schriften und Zeichen, die um unsere Aufmerksamkeit buhlen, und wer bereit ist, sich während eines Telefonats von Werbung unterbrechen zu lassen, kann kostenfrei telefonieren. All dieser Lärm dröhnt uns zu mit noch mehr von dem eh schon zu vielen. Wir brauchen Lücken, so still wie ein Konzertsaal vor dem Einsetzen des Orchesters, in denen der Geist atmen und sich frei machen kann für eine Botschaft, die wirklich erwünscht ist. Und das sind selbst für Infojunkies immer nur wenige.

Meditation:
Es ist doch nur ein Geräusch!

Um die Botschaft verstehen zu können und zugleich ihren Hintergrund in Erinnerung zu behalten, müssen wir manchmal »auf Durchzug« schalten. In gewisser Hinsicht kann man Meditation und die Praxis der Achtsamkeit als ein solches Auf-Durchzug-Schalten verstehen

– ein Durchlassen der wahrgenommenen Phänomene, ohne an ihnen zu haften und kleben zu bleiben. Bei einer solchen stillen, unverhafteten Präsenz erfährt man, dass es eine Wahrnehmung jenseits der Prägung und des Reiz-Reaktions-Mechanismus gibt.

Bilder, Tage, Lebensräume: Auf den freien Platz kommt es an!

Einige alte Kulturen haben sich mit dieser wertfreien, reinen Wahrnehmung beschäftigt. Dazu gehören die asiatischen Kulturen Buddhismus und Taoismus, aber auch die der Sufis und anderer Mystiker der Alten ebenso wie der so genannten Neuen Welt (Amerika). Was ist primäre oder reine Erkenntnis?, fragen sie. Was nehmen wir wahr, wenn uns niemand sagt, was wir darunter verstehen sollen, das heißt: dazu assoziieren sollen? Wie sieht die ungeprägte Erkenntnis aus, die vor aller Weiterverarbeitung der Daten in unserem Gehirn ankommt, also vor dem Verwerten, Benutzen und Interpretieren dieser Daten?

In der Meditation wurde mir klar, dass Kommunikation charismatisch funktioniert. Heute kommt es mir ganz normal vor. Ich kann mir kaum noch vorstellen, wie man die Welt anders wahrnehmen kann, doch ich treffe täglich Menschen, die dies nicht wissen und meinen, ein Gedanke würde *hokuspokus,* auf rätselhaft »geistige« oder telepathische Weise von einem Kopf in den anderen gelangen. Es ist ihnen nicht bewusst, dass dazwischen ein sehr empfindlicher Vorgang steht, der das Gelingen einer Faszination oder Hypnose voraussetzt.

Meditation führt uns in die sinnliche Gegenwart: Wir sehen, hören, riechen, schmecken und fühlen »was da ist« im Gegensatz zu dem, was es bedeutet. Durch genaue Selbstbeobachtung lernen wir, zwischen einem Erlebnis und seiner Bedeutung zu unterscheiden. Ein Geräusch ist ein Geräusch. Das kann ein Zischen sein oder ein Sprudeln, ein Räuspern, Rascheln, Singen, Klingen oder Aufbrausen. Wenn diese Geräusche eine Bedeutung haben, die nicht nur ich ihnen zuordne, sondern ein miteinander kommunizierendes Kollektiv, dann nennen wir sie »Sprachlaute« und das Ganze eine Sprache. Und weil wir eine Sprache, auf die wir geprägt wurden, nicht einfach überhören können (wie etwa das auf Deutsch streitende Ehepaar nebenan im hellhörigen Hotelzimmer auf Mallorca), kann uns diese Sprache beeinflussen, ohne dass wir es merken.

Kommunikationsvorgänge sind »magisch« insofern ihr unvermeidliches, aber auch unentbehrliches Resultat die genannte Trance oder Verzauberung ist. Die Praxis der Achtsamkeit oder der Meditation kann uns aus dieser Trance befreien, indem sie uns wach macht und immun gegen die hypnotische Kraft der Ereignisse oder – sollten wir uns doch faszinieren lassen von den Signalen, dass wir dann immerhin wissen, dass wir fasziniert sind und nicht mehr ganz bei uns selbst.

7

Konflikte und Veränderungen

Konflikte lösen, Übergänge gestalten

Der Magie eines Kommunikationsvorgangs können wir uns nur entziehen, wenn wir sehr wach, bewusst und achtsam sind. Normalerweise sind wir das jedoch nicht, sondern unterliegen dem Einfluss einer »gewaltigen« Sprachmagie und geraten so in Konflikte, die wir nie wollten und denen wir uns oft kaum entziehen können. Der US-amerikanische Friedensforscher und Kommunikationsfachmann Marshall Rosenberg begegnet diesem Dilemma mit der Methode der Gewaltfreien Kommunikation, die uns lehrt, in vier Schritten »gewaltfrei« zu kommunizieren.

Gewaltfrei und achtsam kommunizieren

Der erste Schritt dieser auch Einfühlsame Kommunikation genannten Methode besteht darin, wahrzunehmen, was wirklich gerade geschehen ist oder geschieht. Das ist, wie schon in den vorigen Kapiteln deutlich wurde, gar nicht so leicht. Wir sehen einen Menschen, und eh wir ihn wirklich wahrnehmen, wie er jetzt gerade ist, haben wir ihn schon als Freund oder Feind, bedrohlich, ungefährlich oder nützlich eingeordnet und kommunizieren dementsprechend mit ihm.

Besonders in Konfliktsituationen tut man deshalb gut daran, erst einmal ganz langsam vorzugehen und den eigenen Verstand zu beobachten. Was für Gedanken produziert er? Wenn starke Emotionen vorhanden sind, sieht man die eigenen Gedanken weniger klar und hält Innenweltvorgänge für ein reales, äußeres Geschehen. Wer hingegen seine Gedanken ankommen und wieder verschwinden sieht, kann auch leichter äußere Kommunikationsvorgänge beobachten.

Im typischen Fall sind Gedanken allerdings Besucher, die schon mitten in der Wohnung stehen, eh man sie bemerkt. Um sie ankommen zu sehen, muss mindestens ein winziger Teil unseres Bewusstseins sich des Hintergrundes gewahr sein, auf dem die Ereignisse und die Zeichen des Kommunikationsvorgangs auftreten. Eine solche Feinheit der »unfaszinierten« Beobachtung ist dann auch imstande, Laute als bloßes Geräusch wahrzunehmen, was uns zum Beispiel gegen Beleidigungen immunisiert und so eine wichtige Voraussetzung für Gewaltfreie Kommunikation sein kann: Wenn ich imstande bin, eine Beleidigung als Geräusch wahrzunehmen, das nur so viel bedeutet, wie ich »hineinlege«, kann ich der sonst fast zwanghaften Reaktion entkommen, sie ebenso gewaltvoll zu beantworten.

Meditative Achtsamkeit verankert uns in der direkten sinnlichen Wahrnehmung und bietet so ein Standbein außerhalb der Wirkungskette von Reiz und Reaktion, die für Wortduelle so typisch ist. Erst wer davon frei ist, kann den Gegner gelassen und ohne Vorurteile wahrnehmen.

»Achte auf deine Gedanken, denn sie werden zu Worten, achte auf deine Worte, denn sie werden zu Taten, achte auf deine Taten, denn sie werden zu Gewohnheiten, achte auf deine Gewohnheiten, denn sie werden zu deinem Charakter«, sagt der Talmud. Ein Keimling ist noch klein und leicht zu zertreten, im Positiven wie im Negativen; ein großer Baum ist schon nicht mehr so leicht zu fällen.

»Achte auf deine Worte, denn sie werden zu Taten ...«

Marshall Rosenberg fängt jedoch erst mal ganz einfach mit der Wahrnehmung an: Was habe ich gerade gesehen? Was habe ich gerade gehört? Die nächsten drei Schritte sind ebenso klar: Welche Gefühle löst das in mir aus? Welches Bedürfnis wird dabei erfüllt oder bleibt dabei unberücksichtigt? Welche konkrete Bitte habe ich deswegen an dich? Wenn ich dem anderen mitgeteilt habe, was aus meiner Sicht gerade passiert ist, kann ich ihm sagen, welche Gefühle dieses Geschehen (nicht seine Person!) in mir ausgelöst hat. Dann kann ich ihm sagen, dass dies zum Beispiel mit meinem Bedürfnis nach Sicherheit oder nach Selbstbestimmung im Widerspruch steht und dass ich ihn deswegen bitte, dies oder jenes zu tun, damit mein Bedürfnis besser erfüllt wird. In dem Buch von Serena Rust »Wenn die Giraffe mit dem Wolf tanzt« sind diese vier Schritte sehr gut beschrieben, wunderschön illustriert von Stefan Stutz, der auch für dieses Buch die Zeichnungen angefertigt hat.

Frieden stiften – privat und politisch

Die Methode der Gewaltfreien Kommunikation lässt sich ebenso gut in der Politik wie privat anwenden. In beiden Bereichen machen wir dieselben Fehler, sind andererseits aber auch imstande, wenn wir verstehen, was wir tun, über diese hinauszuwachsen und Frieden zu stiften.

Konflikte sind immer Konflikte zwischen Identitäten. Zwischen dem, was »ich« zu sein glaube und was mein Gegner, »der andere«, zu sein glaubt. Wer seine Ich-Identität als künstlich und gestaltbar durchschaut hat, kann zwar immer noch überall zwischen die Fronten geraten, wird aber nicht mehr so leicht selbst Quelle von Konflikten sein. Seine Identität ist wandelbar – sie kann sogar die Identifizierung mit dem vom Konflikt betroffenen Gegner mit beinhalten. Um einen Konflikt zu verstehen, müssen wir deshalb die Identitäten der Parteien untersuchen, denn sie bestimmen die Frontlinien. Um ihn zu lösen, müssen wir die Identifizierung untersuchen, das heißt den Vorgang, wie Identitäten erworben werden, denn so wie sie erworben werden, so können sie auch wieder verlassen werden.

Als Kinder identifizieren wir uns als Erstes mit unserem Körper, dann mit dem, was unsere Eltern meinen, wenn sie unseren Namen sagen, und später mit diversen sozialen Gruppen, denen wir angehören, wie etwa unserer Familie, Volksgruppe, sozialen Schicht, Generation, Sprachgemeinschaft oder Nation. Wir können uns auch mit sozialen Gebilden identifizieren, denen wir zugehören *wollen*, wie etwa Sportverbänden, politischen Parteien, Idolen und ihren Fanclubs, religiösen Gemeinschaften oder Trägern der von uns erwählten Markenartikel (BMW-Fahrer, Träger von Nike-Schuhen etc.). Wenn wir den Vorgang der Identifikation durchschauen, können wir ihn auch wieder rückgängig machen und hängen dann nicht mehr an dem, wer wir zu sein glauben.

Bei der zweiten Gruppe der genannten Identifikationen, die wir relativ frei wählen (Fußballclubs, Markenartikel ...) ist das leichter. Bei den frühen Prägungen der Kindheit (Sprachgemeinschaft, Familie, Volksgruppe, Nation, Religion) ist es schwerer. Prinzipiell ist jedoch beides lösbar, und die Fähigkeit zu dieser Loslösung ist für alle Friedensprozesse essentiell wichtig.

Einfühlsame Sprache schafft Frieden, gewaltsame Krieg

Wo müssen oder dürfen Frauen mit Kopftuch auftreten? Wo müssen oder dürfen Männer mit Turban auftreten (für die männlichen Angehörigen der Sikh-Religion in Indien ist das eine religiöse Vorschrift)? Wie lang muss der Rock der Frauen sein, am Strand, im Hotel, in der Oper? Wo ist Bikini unerwünscht, wo darf nackt gebadet werden? Alles das sind kommunikative Signale, mit denen wir zeigen, wer wir sind, unsere Identität. Hier betreffen sie die Kleidung, die wie jeder Sprachgebrauch von sozialen Vorschriften geregelt wird. Frieden stiften heißt zunächst: verstehen, wie das Signal gemeint ist. Es heißt zweitens: eine Ebene finden, auf der man sich über dieses Signal und seine Bedeutung verständigen kann, also eine Metaebene – eine Ebene, auf der wir mit dem Signal oder Symbol nicht mehr völlig identifiziert sind.

Der persische Kommunikationstrainer Peseschkian erzählt gerne, wie er als 19-Jähriger in Freiburg beim Autofahren Männern begegnete, die zu ihm hinüberschauten und dabei mit dem Finger an die Stirn tippten. Er kannte das aus Persien als Zeichen der Begrüßung und grüßte freundlich zurück. Vermutlich half sein strahlendes Gesicht dabei, dass der Konflikt nicht eskalierte, denn in Deutschland ist dieses »Den-Vogel-zeigen« ein aggressives Symbol, vor allem im Autoverkehr.

Wie sehr eine kommunikative Erfahrung im Privaten Voraussetzung für eine politische Haltung sein kann, wurde mir auch klar, als ich 1995 bei einer von Gorbatschow einberufenen Weltkonferenz zur Zukunft der Zivilisation mit dem damaligen Ministerpräsidenten von Sachsen, Kurt Biedenkopf, am Tisch saß. Begeistert erzählte er mir davon, wie er kurz nach der Wende von 1989 mit seinen Staatssekretären in einer WG gelebt hatte, weil es für das politische Personal der neuen Regierung noch keine der sonst in der BRD üblichen Dienstwohnungen gab. Diese Erfahrung hatte sein Weltbild so sehr geöffnet, dass er in den Folgejahren erheblich dazu beitrug, dass das Ökodorf in Groß Chüden (eine Art Groß-WG) die nötige Unterstützung bekam – heute ist es das größte Ökodorfprojekt in Deutschland und Vorreiter einer ökologisch nachhaltigen, gemeinschaftlichen Lebensweise, die unsere Zivilisation so bitter nötig hat.

Rituale gestalten

In den 17 Jahren, die ich in Wahl-Gemeinschaften gelebt habe, machte ich Erfahrungen, die mir halfen, sowohl mich selbst als auch die Welt besser zu verstehen. Ich habe Parteienbildungen, Boykotts, Strukturlosigkeit und Rebellion erlebt. Ich weiß, was Führung bedeuten kann und was Menschen tun, wenn sie sich zu wenig oder zu viel identifizieren. Durch den ständigen Austausch mit anderen Menschen habe ich gelernt, wie Besitz und Verantwortung das Bewusstsein verändern und was Stetigkeit und Wechsel für das soziale Miteinander bedeuten. Ich weiß, wie die berufliche und die private Identifikation einander beeinflussen und wie sehr man politische und berufliche Ideale in der privaten Kommunikation achten oder auch verraten kann.

Dabei habe ich auch sehr viel über rituelle Kommunikation gelernt. Das ist eine Form der Kommunikation, die Identitätsveränderung *beabsichtigt*. Die Taufe oder der Eintritt in eine Religionsgemeinschaft durch Initiation oder Konversion ist eine solche rituelle Kommunikation. Ebenso gerichtliche Urteile, die einen Angeklagten freisprechen oder verurteilen oder ein per Handschlag oder Unterschrift besiegelter Vertrag. Die Ernennung, Autorisierung, Verleihung oder Aberkennung einer Würde ist ein Ritual. Rituale sind mächtig, sie erschaffen Wirklichkeiten. Ein Mensch wird außer Landes gewiesen durch die mächtigen Worte einer dazu befugten Autorität, auch das ist rituelle Kommunikation: Sie macht aus ihm einen Verbannten, einen *expatriate,* einen Zurückgewiesenen. Menschen werden durch Priester oder Standesbeamte verheiratet – und wieder geschieden. Vor Gericht werden wir vereidigt, beim Notar werden wir zu Besitzern oder Besitzlosen. All das sind magische Rituale – Vorgänge, bei denen allein das Geräusch eines ausgesprochenen Wortes oder das grafische Zeichen einer Unterschrift Wirklichkeiten erschafft.

Gesellschaft besteht aus rituell erschaffenen Identitäten

So wie auch das Segnen (*bene-dictio*, gutsprechen) oder das Verfluchen (*male-dictio*, schlecht-sprechen) so machtvoll wirken, dass damit einerseits sogar medizinisch als unheilbar erklärte Krankheiten geheilt und andererseits Schuldbewusste in den Selbstmord getrieben werden können.

Auch Schocks können identitätsverändernd wirken und damit Lebensabschnitte beenden oder neue beginnen. Die Initiation männlicher Jugendlicher kann aus einer so krassen Mutprobe bestehen, dass der Mensch, der sie bestanden hat, danach unausweichlich ein anderer ist. In vielen Naturvölkern gehören solche Initiationen zur Tradition, in unserer heutigen Gesellschaft erzeugen sie sich manche Jugendgruppen selbst.

Wenn wir die magische Kraft der Rituale erkennen, können wir unser Leben in seinen Stufungen und Abschnitten viel besser selbst in die Hand nehmen und zu Schöpfern des Geschehens werden anstatt uns als Opfer eines mysteriösen Schicksals willenlos in das zu fügen, was andere, Machtbewusstere, mit uns machen.

Wer die magische Kraft erkannt hat, die den

Zeichen innewohnt, braucht sich aber nicht auf eine rituelle Sprachverwendung zu beschränken, um in ihren Genuss zu kommen. Das Leben läuft ja nicht bloß in Stufen voneinander unterscheidbarer Abschnitte ab. Meine Identität ist nicht einfach »Ich bin dies« und »Das bin ich nicht«, und nach dem Übergang, dem »rite de passage«, bin ich ein anderer. Es gibt im Lauf einer Identifizierungsbiografie auch viel Fließendes. So schaue ich am Spätsommerabend auf einen Teich mit Enten. Die Libellen schwirren noch über das Wasser, bald werden die Grillen anfangen, ihr Lied zu singen, während die Sonne sich über den Westhimmel senkt und die Wolken verfärbt. Ich schaue nur zu, bin ganz drin in dem Geschehen, vergesse mich, gebe mich hin in die Landschaft, und dann *bin ich* die Ente, die ihr Gefieder putzt und die Libelle, die noch immer nicht genug hat vom Tag und weiter Mücken jagt. Das bin ich! Ohne Schock und ohne Ritual bin ich das alles geworden, indem ich nur zuschaue, hemmungslos zuschaue und dabei versinke in der Schönheit dieses Naturgeschehens.

8

Erzähl mir deine Geschichte!

Woraus »ich« wunderbar bestehe, ist: Sprache

Was für eine grandiose Show spielen wir doch hier auf der Bühne des Lebens! Die Geschichten, die wir zu erzählen haben und die Dramen unserer Mythen und Seifenopern sind ja nur Abbilder davon. Das Eigentliche, Wahre, ist unser eigenes Leben. Hier sind wir die Helden – und mit ein bisschen Bewusstsein auch die Autoren des Drehbuchs.

Die Heldenreise

Der Mythenforscher Joseph Campbell (1904-1987) studierte jahrzehntelang die Überlieferungen der Völker aus aller Welt und fand dabei heraus, dass sie sich im Prinzip ähneln. Diese Grundstruktur ist die Grundlage nicht nur der Mythen aller Epochen und Länder, sondern auch unserer erzählenden Literatur, ebenso wie von Theater, Kino und den Spielfilmen im Fernsehen. Campbell nannte diese Grundstruktur »die Heldenreise«. Deshalb ähneln sich die Filmdrehbücher, die die Herzen der Menschen zu fesseln vermögen, so sehr. Erst stellen sie den Protagonisten oder die »Heldin« (manchmal sind es mehrere) in ihren wesentlichen Charakterzügen vor. Dann trifft diese Figur schon in den ersten Minuten des Films, auf eine Situation, die sie aus der Bahn wirft. Wie sie sich diesem »Ruf zum Abenteuer« *(the call to action)* stellt und sich daraus die Handlung der Geschichte entwickelt, mit Kontrahenten und Helfern, einer Initiation in eine neue Identität und schließlich dem Sieg oder der Niederlage am Höhepunkt des Dramas, das macht den Inhalt des Films aus – und ebenso den der Geschichten, Mythen und Legenden der Völker der Welt aus allen Zeiten, vom Gilgamesch-Epos bis heute.

Was mich noch mehr fasziniert als diese gemeinsame Struktur ist das, was sie abbildet: das menschliche Lebens selbst, wie wir es auf die eine oder andere Weise alle aufführen. Die Heldenreise in der Literatur ist ja die künstlerische Darstellung der Heldenreise im Menschenleben selbst, mit seinen Zielen und Widerständen, seinen Höhen und Tiefen, seinem Scheitern und Gelingen. Meine eigene Lebensgeschichte, beruflich wie privat, durch die Krisen und Triumphe der letzten 40 Jahre – was für eine Heldenreise!

So können wir alle unser Leben betrachten und in ihm die eigene Heldenreise erkennen. Sei es in unseren Beziehungen zu den Menschen, die wir lieben oder mit denen wir zusammen arbeiten, sei es im Streben nach all dem, was wir je erreichen wollten, überall begegnet uns diese Grundstruktur: das Aufbrechen aus einer alten Identität, die Entwicklung durch Krisen hindurch in eine neue - mit Helfern, Widersachern, Wendepunkten, Höhepunkten und einem Finale. Es ist ein »Stirb und werde«, und überall um mich herum sehe ich Helden, die sich auf ihre Art den Herausforderungen ihres Lebens stellen. Auch wenn es scheint, als würden sie sich vor den gestellten Herausforderungen drücken, die Gott oder das Schicksal ihnen zuführt, um sie zum Leben und zu ihrer eigenen Größe zu führen, leben sie ihre Geschichten auf ihre jeweils ganz eigene, unverwechselbare Art als Helden, Antihelden oder Scheiternde. Auch Scheiternde sind Helden.

Kunst ist immer Selbstdarstellung

Das ist es, wovon Kunst handelt: vom Leben des Künstlers und all den anderen Menschen, die der Künstler wahrgenommen und möglichst auch ein bisschen verstanden hat. Er spricht damit die Menschen an, die sich nun mit seinen Helden identifizieren, weil es ihnen auch so geht. Wir schauen uns Filme an und lesen Romane, weil wir die Dramatik unserer eigenen Geschichte verstehen wollen und fähig werden wollen, diese gestalten zu können. Wir wollen nicht nur der Protagonist des eigenen Lebens sein – der sind wir sowieso –, sondern viel mehr: Wir wollen zum Autor des Drehbuchs unseres eigenen Lebens werden und so weit wie möglich auch zu dessen Regisseur. Damit nehmen wir unser Leben in die Hand, übernehmen Verantwortung dafür und verwirklichen uns.

Wie wir uns selbst erfinden

»Wer werden Sie in den nächsten 24 Stunden sein?«, las ich neulich als zentralen Werbespruch auf der ganzseitigen Anzeige einer Schweizer Uhrenfirma. Dazu ein schick gekleidetes Model, anscheinend unterwegs, und ziemlich klein die Uhr. Wer werde ich in den nächsten 24 Stunden sein? Wer will ich überhaupt sein? Die Freiheit, das wählen zu können – was für eine Freiheit!

Der Slogan dieser Anzeige suggeriert, dass wir Menschen uns auf eine Reise begeben können, die viel tiefer geht als alle Reisen durch die Welt: die Reise der Selbsterfahrung. Wer bin ich heute, wer bin ich morgen, wer kann ich überhaupt sein? Was für ein Abenteuer! Diese Reise ist das eigentliche Abenteuer des Lebens: die Reise durch die ganze Vielfalt möglicher Identitäten, möglicher Lebensgefühle, wer »ich bin«.

Ab und zu, wenn mich Unbekannte nach meinem Beruf fragen, nenne ich mich Identitätsdesigner. Manche lachen gleich laut los, wenn sie das hören. Viele aber wollen sich nicht die Blöße geben, diesen merkwürdigen Beruf nicht zu kennen und verstummen höflich. Die Mutigeren fragen mit gerunzelter Stirn, was das denn sei. Dann erkläre ich, dass wir Menschen ja so viele Wünsche hätten, wer wir sein wollen. So viele davon seien noch nicht verwirklicht, und so viele davon passen auch gar nicht zusammen. Ein Eremit in den Bergen zu sein, der autark aus seinem eigenen Garten lebt und zugleich der Besitzer einer Werbeagentur ist mit einer eigenen Yacht am Mittelmeer, Frau und drei Kindern – das ist nicht kompatibel, keine Frage. Wenn einer aber zugleich berühmt und bescheiden sein will oder eine Frau schön sein, aber nicht wegen ihrer Schönheit geliebt werden will, dann ist das schon ein bisschen schwieriger zu beurteilen. Da biete ich Unterstützung an, sage ich dann verschmitzt, sowohl was das Design der »Dachmarke« anbelangt, zu der die einzelnen Unter-Identitäten passen müssen, wie auch bezüglich der Verwirklichung der einzelnen Ziele.

Das Ganze ist ein Witz. Ich würde mir nicht anmaßen, jemandem eine Identität zu verpassen. Der ernsthafte Anteil des Witzes aber ist dieser: Wenn wir unsere Würde als Menschen, als souveräne Individuen ernst nehmen, dann sollten wir uns nicht von anderen – von wem auch immer – eine Identität verpassen lassen, sondern diese selbst finden. Oder auch »er«finden, soweit es dafür einen Freiraum gibt.

Beides, das Finden wie das Erfinden, ist gar nicht so leicht. Zum Beispiel besteht die Gefahr, auf unerkannte bestehende Identitäten neue Wunschidentitäten aufzupfropfen, die man dann doch nicht wirklich verkörpern kann, weil sie auf Sumpf gebaut sind, auf unerkannte, unerlöste Überzeugungen wie etwa »Ich bin nicht liebenswert« oder »Ich habe kein Händchen im Umgang mit Geld«.

Es geht also auch bei der Suche nach der eigenen Identität – früher nannte man es »Selbstfindung« – ganz wie im richtigen Leben zu: Wie tragisch, nicht zu finden, was man sucht! Und wie komisch, wenn man feststellt, dass man das Gesuchte schon hat!

Wer glaubt, diese Tragikomik sei nur Lebensthema der spirituellen Pilger auf dem Weg nach Lourdes, Altötting, Benares oder Rishikesh, der irrt. Die eigene, persönliche Identität zu finden, ist auch für jeden Selbständigen bei seiner wirtschaftlichen Existenzgründung wesentlich. Da geht es darum, das persönliche Profil zu finden, die eigene Einzigartigkeit, die USP (unique selling proposition). Sogar auf dem Markt der Partnersuche ist es nicht viel anders: Wenn du an den Single-Börsen im Internet ein Profil von dir eingibst, das mit deiner wirklichen Identität nicht viel zu tun hat, steht es schlecht ums Finderglück.

Biografien und andere Geschichten

Bevor ich die Freiheit und Größe des Menschen, sich selbst erfinden zu können, noch weiter lobe, hier noch eine Warnung. Eine solche Erfindung ist – eine Erfindung. »Die Wahrheit« ist es nicht. In Wahrheit sind wir nichts und alles. Alle aus Staub, Luft und Wasser, alle gleich, nicht nur untereinander, sondern auch mit der Erde und den Sternen gleich. Dass wir unterschiedlich seien, ist eine Erfindung – nein: viele Erfindungen oder kulturelle Konstruktionen. Deshalb sagten die Mütter früher zu ihren Töchtern, als sie im Alter waren, »ausgehen« zu wollen: »Mach mir keine Geschichten!« Sei wie alle anderen, einfach, angepasst, eine Kopie des jeweils gültigen Vorbilds.

Auch in der Transaktionsanalyse nach Eric Berne (*Games People Play*, Spiele der Erwachsenen, 1964/1970) kommt die erfundene Geschichte als »Spiel« (*game*) im Sinne einer (andere und sich selbst) täuschenden Erfindung vor. »Spielst du nur mit mir, oder meinst du es ernst?« Wir wollen von unseren Mitmenschen ernst genommen werden und nicht nur Figuren in den Spielen sein, die sie mit uns spielen.

Eine solche »Geschichte« oder ein solches »Spiel« (auf der Bühne des Lebens) ist also auch eine Bezeichnung für einen Betrug an der Wirklichkeit, den wir mit dieser kreativen Leistung begehen, denn unsere Geschichten sind Erfindungen. So wie wir etwas erzählen, so war es nicht wirklich – jedenfalls nicht objektiv. Beobachtet man zwei Menschen, speziell ein Paar, beim Erzählen ein und desselben Erlebnisses, wird man feststellen, dass jeder es anders erlebt hat. Was ist nun wirklich? Oder ist es so, dass wir immer nur unser Ego auf eine Leinwand da draußen projizieren, die wir für die Wirklichkeit halten, und wenn nur genug Leute Ähnliches projizieren und ein Konsens darüber entsteht, dass »das so ist«, dann halten wir das für »die objektive Wirklichkeit«?

Mach mir jetzt mal keine Geschichte, keine Szene, kein Drama – wie oft ist uns das vorgeworfen worden oder wir selbst werfen es jemandem vor, der etwas »inszeniert«, das uns gerade stört. Wir wollen die Wahrheit wissen, nicht bloß eine Geschichte. Wenn zwei Menschen zusammenleben, auch Liebende, erleben sie zwei verschiedene Geschichten. Wirklich? Oder erleben sie die gleiche Geschichte, und es macht dann nur jeder etwas anderes draus, per selektiver Wahrnehmung plus ein paar Korrekturen an der Erinnerung, die jeder an seine Identität, sein Selbstbild anpasst? Ist diese Verfälschung der Wirklichkeit die kreative Leistung, die wir doch andererseits an der Erzählung so bewundern?

Natürlich ist es eine großartige schöpferische Leistung, wenn ein Mensch aus dem unermesslichen, amorphen Datenmaterial seines Lebens etwas Sinnvolles und Verständliches bilden kann – seine persönliche Geschichte. Auch wenn sie letztlich bloß eine Erfindung ist – erst durch die Ausformung unserer einzigartigen, individuellen Biografie werden wir ganz zum Menschen. Für das Verständnis unserer selbst als Individuum bezahlen wir mit der Wahrheit, dass es kein objektives Ich gibt.

So geht es allen, die »sich gefunden« haben: Es ist ihnen ein grandioser, souveräner »kreativer Betrug« gelungen. Hoffentlich haben sie dabei nicht vergessen, dass sie immer noch Staub und Asche sind, Licht, Luft und Wasser, Liebe und Phantasie. Denn als Menschen sind wir immer beides: einzeln und eingebunden, ein einzigartiges Individuum und ein ununterscheidbarer Tropfen im Ozean. Als Menschen sind wir »aufgespannt zwischen Himmel und Erde«, wie die chinesische Philosophie es darstellt.

Schöpfer und Erschaffene

Zu erleben, wie wir mit Worten, Gesten und Symbolen zaubern können, dies lässt uns als sehr mächtig erscheinen. »Sich selbst«, das »Ich« erschaffen zu können – was für eine grandiose Macht ist das! Die Erfahrung dieser Macht kann uns zum Größenwahn verführen, wenn wir dabei vergessen, was wir nicht können: Die Welt außerhalb unserer menschlichen Identitäten verzaubern, das können wir nicht. Unzählige Zauberlehrlinge der magischen Künste haben versäumt, diese Unterscheidung zu treffen und wurden deshalb verrückt oder größenwahnsinnig.

Magie wirkt auf die menschliche Identität (ein bisschen auch auf die sozialer Tiere) – und nur dort. Mit Magie die Welt verändern, das können wir nur dort, das heißt in der Gestaltung des Ich, der Persönlichkeit. Löffel verbiegen wie Uri Geller, Zeitreisen unternehmen, wie Science Fiction Romane es darstellen, materielle Dinge »manifestieren« (wie von Sai Baba behauptet wird) oder die Gravitation durch Gedankenkraft aufheben, wie es von der romantischen Fraktion der Esoterik manchmal propagiert wird, das können wir Menschen nicht.

Aber unsere Identität verändern, das können wir – und das ist schon eine ganze Menge! Wir können im sozialen Leben sehr weit gehend die Figuren sein, die wir sein wollen. Die ganze Palette der literarischen und mythischen Gestalten steht uns für unsere soziale Inszenierung zur Verfügung. Können wir fliegen? Das nicht, aber ob einer als König oder als Bettler sein Leben angeht, als Held oder als Verlierer, darüber zu bestimmen haben wir eine viel größere Macht, als die meisten von uns zu glauben geneigt sind.

Wenn ein Kultgegenstand – sei es eine weinende Madonna, ein Cadillac aus den 50er Jahren, ein Backenzahn des Buddha oder eine Haar-Locke meiner Ex-Freundin – in mir ein Bedürfnis nach Verehrung erweckt und mir bei Annäherung ein Kribbeln verursacht, so etwas wie einen »heiligen Schauder« auslöst, was ist das dann *wirklich*? Hat der Gegenstand eine »Ausstrahlung«, so wie eine radioaktive Substanz? Eher nicht. Es kommt mir nur so vor. In mir, in meinem Gehirn, meinem Geist, meiner Erwartung kommt mir das so vor. Weil ich denke, dass dieses Ding etwas Besonderes ist, fühle ich das auch. Ich erwarte, dass es etwas

Besonderes ist, deshalb ist es – für mich – etwas Besonderes. Logisch, oder? Kopfkino par excellence. Und die Außenwelt? Ist das Turiner Grabtuch wirklich nur ein altes, halb verwittertes Tuch? Sind die buddhistischen Stupas alle innen leer, bis auf eventuell einen Zahn oder Knöchel des Buddha, also ein bisschen ehemals lebende Materie? Ist die Kaaba in Mekka wirklich nur ein Stein? Und alle die geomantischen Plätze, an denen wir so erhabene Gefühle verspüren, sind das wirklich die Schwingungen des Ortes oder doch eher die Schwingungen in meinem erwartungsvollen Kopf oder Gemüt?

Wir sind Schöpfer und Erschaffene, beides

Wenn unsere Identität gestaltbar ist, dann sind wir frei. Frei, uns zu identifizieren mit was auch immer wir wollen. Wer erst einmal drauf gekommen ist, dass sein »Ich« eine Fiktion ist, etwas Künstliches, Erfundenes, für den ist der Weg zur Erkenntnis, dass dieses Ich durch ihn selbst gestaltbar ist, nicht mehr weit.

Wer aber ist es, der uns gestaltet, wenn »wir selbst« unsere Identität gestalten? Wer ist dieser Gestalter? Hier begegnet uns wieder dieses ewig unauflösliche Rätsel. Wir sind ja niemand – und außer uns selbst und der von uns wahrgenommenen Welt gibt es nichts. Auch wenn ich erkenne, dass ich die Macht habe, mich selbst zu gestalten, kommt diese Erkenntnis von niemand Persönlichem, sondern von irgendwo her, herbeigeweht wie ein unerklärliches Glück. Sie ist eine Gnade. Selbst in dem Moment, da wir unsere Macht als Schöpfer erkennen, sind wir deshalb noch immer auch Erschaffene: von alledem, was da ist, von unserer gesamten Umgebung Erschaffene, Bestimmte, Beeinflusste. Eingebettet in das Ganze, in dieses unermessliche Geflecht von Wechselwirkungen, das wir Universum nennen. Ob wir uns darin gefangen fühlen oder geborgen, liegt bei uns – und zugleich auch wieder nicht. Ob wir uns bestimmt fühlen oder frei, auch das.

Über den Autor:

Wolf Schneider, Jg. 52, arbeitet als Verleger, Redakteur, Autor und Kommunikationscoach. Einst buddhistischer Mönch und Weltreisender, begleitet er seit 25 Jahren Menschen auf dem Weg zu sich selbst. Sprache und wie sie funktioniert ist sein Lebensthema.

Kontakt mit dem Autoren über:
schneider@connection.de,
Webtagebuch: www.schreibkunst.com

Seminare mit Wolf Schneider:
Connection e. V., Schule der Kommunikation,
Hauptstr. 5
D-84494 Niedertaufkirchen
www.connection.de
00(49)-8639-98 34-12

Bücher von Wolf Schneider:
Auf der Suche nach dem Wesentlichen,
Königsfurt 2003
Ohne dich wäre ich ein anderer, Königsfurt 2003
Das Tao des Wassers, Königsfurt 2004
Tantra – Spiele der Liebe, Rowohlt/Knaur,
4. Auflage 2004

Bruce Lipton
Intelligente Zellen

Wie Erfahrungen unsere Gene steuern

Vielleicht haben Sie es schon geahnt, dass das Denken und Fühlen unser physisches Leben bestimmt. Jetzt können Sie sich sicher sein. Erstaunliche wissenschaftliche Erkenntnisse über die biochemischen Funktionen unseres Körpers zeigen, dass unser Denken und Fühlen bis in jede einzelne unserer Zellen hineinwirkt. Der Zellbiologe Bruce Lipton beschreibt genau, wie dies auf molekularer Ebene vor sich geht. In leicht verständlicher Sprache und anhand eingängiger Beispiele führt er vor, wie die neue Wissenschaft der Epigenetik die Idee auf den Kopf stellt, dass unser physisches Dasein durch unsere DNS bestimmt würde. Vielmehr wird sowohl unser persönliches Leben als auch unser kollektives Dasein durch die Verbindung zwischen innen und außen, zwischen Geist und Materie gesteuert. Eine Erkenntnis, die, logisch weiter gedacht, auch weiterreichende spirituelle Konsequenzen hat.

gebunden, 240 Seiten € 14,95

ISBN: 3-936862-88-5

Serena Rust
Wenn die Giraffe mit dem Wolf tanzt

Vier Schritte zu einer einfühlsamen Kommunikation

Stell dir vor, du bist sauer auf deinen Partner – und du kannst es so ausdrücken, dass er es versteht, ohne sich angegriffen zu fühlen. Oder – deine Partnerin macht dir einen Vorwurf – und du verstehst, was sie braucht, anstatt gekränkt zu sein.

Dieses leicht verständliche Buch vermittelt die grundlegenden Schritte zu einer erfolgreichen Kommunikation, bei der alle gewinnen können und die Bedürfnisse aller Beteiligten gleich wert sind, so dass Kommunikation wieder von Einfühlung und Verständnis, statt von Durchsetzen und Rechthaben getragen wird.

Die Methode basiert auf der Gewaltfreien Kommunikation von Marshall Rosenberg, der weltweit als Mediator bekannt ist und nun seit einigen Jahren sehr erfolgreich auch in Deutschland seinen bahnbrechenden Ansatz vermittelt.

gebunden, 176 Seiten, € 9,95
ISBN 3-936862-77-X